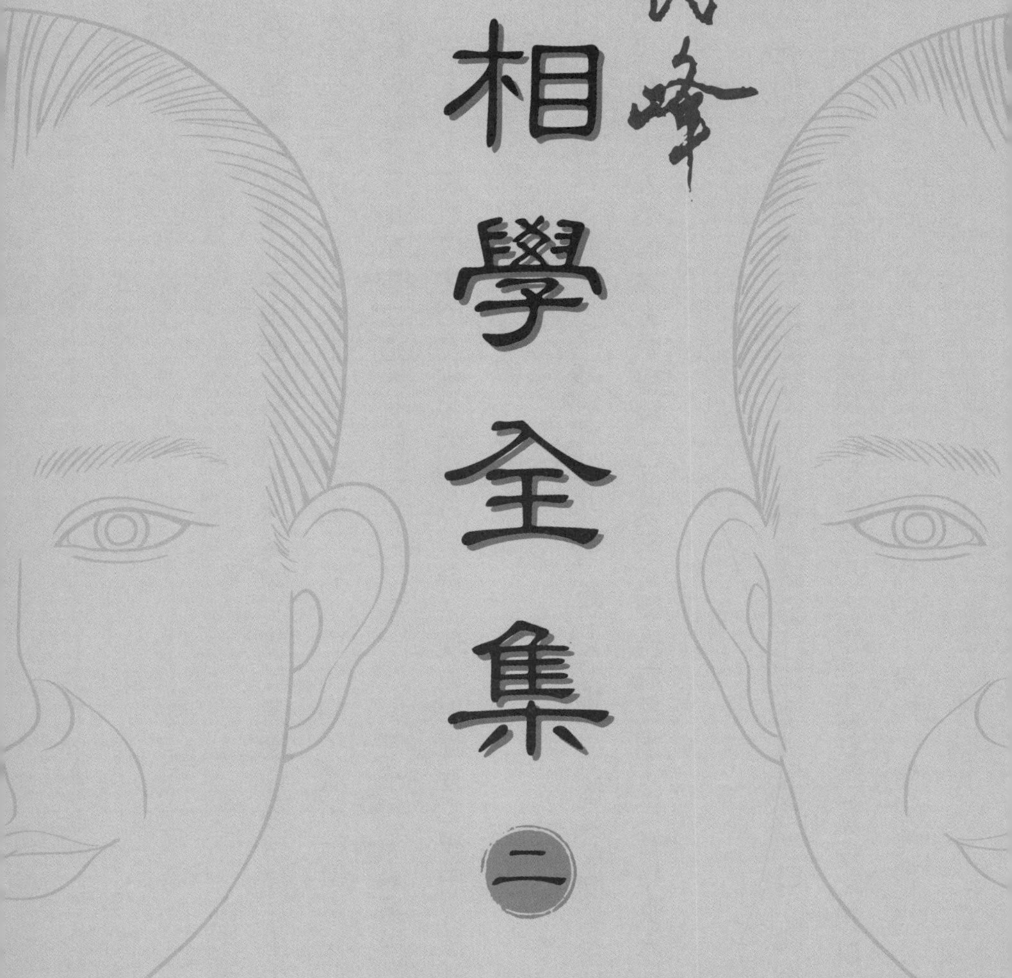

蘇民峰

相學全集

(二)

圓方立極

「天圓地方」是傳統中國的宇宙觀，象徵天地萬物，及其背後任運自然、生生不息、無窮無盡之大道。早在魏晉南北朝時代，何晏、王弼等名士更開創了清談玄學之先河，主旨在於透過思辨及辯論以探求天地萬物之道，當時是以《老子》、《莊子》、《易經》這三部著作為主，號稱「三玄」。東晉以後因為佛學的流行，佛法便也融匯在玄學中。故知，古代玄學實在是探索人生智慧及天地萬物之道的大學問。

可惜，近代之所謂玄學，卻被誤認為只局限於「山醫卜命相」五術及民間對鬼神的迷信，故坊間便泛濫各式各樣導人迷信之玄學書籍，而原來玄學作為探索人生智慧及天地萬物之道的本質便完全被遺忘了。

有見及此，我們成立了「圓方出版社」（簡稱「圓方」）。《孟子》曰：「不以規矩、不成方圓」。所以，「圓方」的宗旨，是以「破除迷信、重人生智慧」為規，藉以撥亂反正，回復玄學作為智慧之學的光芒；以「重理性、重科學精神」為矩，希望能帶領玄學進入一個新紀元。「破除迷信、重人生智慧」即「圓而神」，「重理性、重科學精神」即「方以智」，既圓且方，故名「圓方」。

出版方面，「圓方」擬定四個系列如下：

1.「智慧經典系列」：讓經典因智慧而傳世；讓智慧因經典而普傳。

2.「生活智慧系列」：藉生活智慧，破除迷信；藉破除迷信，活出生活智慧。

3.「五術研究系列」：用理性及科學精神研究玄學；以研究玄學體驗理性、科學精神。

4.「流年運程系列」：「不離日夜尋常用，方為無上妙法門。」不帶迷信的流年運程書，能導人向善、積極樂觀、得失隨順，即是以智慧趨吉避凶之大道理。

在未來，「圓方」將會成立「正玄會」，藉以集結一群熱愛「破除迷信、重人生智慧」及「重理性、重科學精神」這種新玄學的有識之士，並效法古人「清談玄學」之風，藉以把玄學帶進理性及科學化的研究態度，更可廣納新的玄學研究家，集思廣益，使玄學有另一突破。

作者簡介

蘇民峰　長髮，生於一九六〇年，人稱現代賴布衣，對風水命理等術數有獨特之個人見解。憑着天賦之聰敏及與術數的緣分，對於風水命理之判斷既快且準，往往一針見血，疑難盡釋。

以下是蘇民峰近二十年之簡介：

八三年　開始業餘性質會客以汲取實際經驗。

八六年　正式開班施教，包括面相、掌相及八字命理。

八七年　毅然拋開一切，隻身前往西藏達半年之久。期間曾遊歷西藏佛教聖地「神山」、「聖湖」，並深入西藏各處作實地體驗，對日後人生之看法實跨進一大步。回港後開設多間店鋪（石頭店），售賣西藏密教法器及日常用品予有緣人士，又於店內以半職業形式為各界人士看風水命理。

八八年　夏天受聘往北歐勘察風水，足跡遍達瑞典、挪威、丹麥及南歐之西班牙，回港後再受聘往加拿大等地勘察。同年接受《繽紛雜誌》訪問。

八九年　再度前往美加，為當地華人服務，期間更多次前往新加坡、日本、台灣等地。同年接受《城市周刊》訪問。

九〇年　夏冬兩次前往美加勘察，更多次前往台灣，又接受台灣之《翡翠雜誌》、《生活報》等多本雜誌訪問。同年授予三名入室弟子蘇派風水。

九一年 續去美加、台灣勘察。是年接受《快報》、亞洲電視及英國 BBC 國家電視台訪問。所有訪問皆詳述風水命理對人生的影響，目的為使讀者及觀眾能以正確態度去面對人生。同年又出版了「現代賴布衣手記之風水入門」錄影帶，以滿足對風水命理有研究興趣之讀者。

九二年 續去美加及東南亞各地勘察風水，同年 BBC 之訪問於英文電視台及衛星電視「出位旅程」播出。此年正式開班教授蘇派風水。

九四年 首次前往南半球之澳洲勘察，研究澳洲計算八字的方法與北半球是否不同。同年接受兩本玄學雜誌《奇聞》及《傳奇》之訪問。是年創出寒熱命論。

九五年 再度發行「風水入門」之錄影帶。同年接受《星島日報》及《星島晚報》之訪問。

九六年 受聘前往澳洲、三藩市、夏威夷、台灣及東南亞等地勘察風水。同年接受《凸周刊》、《一本便利》、《優閣雜誌》及美聯社、英國 MTV 電視節目之訪問。是年正式將寒熱命論授予學生。

九七年 首次前往南非勘察當地風水型勢。同年接受日本 NHK 電視台、丹麥電視台、《置業家居》、《投資理財》及《成報》之訪問。同年創出風水之五行化動土局。

九八年 首次前往意大利及英國勘察。同年接受《TVB 周刊》、《B International》、《壹周刊》等雜誌之訪問，並應邀前往有線電視、新城電台、商業電台作嘉賓。

九九年 再次前往歐洲勘察，同年接受《壹周刊》、《東周刊》、《太陽報》及無數雜誌、報章訪問，同時應邀往商台及各大電視台作嘉賓及主持。此年推出首部著作，名為《蘇民峰觀相知人》，並首次推出風水鑽飾之「五行之飾」、「陰陽」、「天圓地方」系列，另多次接受雜誌進行有關鑽飾系列之訪問。

二千年 再次前往歐洲、美國勘察風水，並首次前往紐約，同年 masterso.com 網站正式成立，並接受多本雜誌訪問關於網站之內容形式，及接受校園雜誌《Varsity》、日本之《Marie Claire》、復康力量出版之《香港 100 個叻人》、《君子》、《明報》等雜誌報章作個人訪問。同年首次推出第一部風水著作《蘇民峰風生水起（巒頭篇）》、第一部流年運程書《蛇年運程》及再次推出新一系列關於風水之五行鑽飾，並應無綫電視、商業電台、新城電台作嘉賓主持。

〇一年 再次前往歐洲勘察風水，同年接受《南華早報》、《忽然一週》、《蘋果日報》、日本雜誌《花時間》、NHK 電視台、關西電視台及《讀賣新聞》之訪問，以及應紐約華語電台邀請作玄學節目嘉賓主持。同年再次推出第二部風水著作《蘇民峰風生水起（理氣篇）》及《馬年運程》。

〇二年 再一次前往歐洲及紐約勘察風水。續應紐約華語電台邀請作玄學節目嘉賓主持，及應邀往香港電台作嘉賓主持。是年出版《蘇民峰玄學錦囊（相掌篇）》、《蘇民峰八字論命》、《蘇民峰玄學錦囊（姓名篇）》。同年接受《3 週刊》、《家週刊》、《快週刊》、《讀賣新聞》之訪問。

〇三年 再次前往歐洲勘察風水，並首次前往荷蘭，續應紐約華語電台邀請作玄學節目嘉賓主持。同年接受《星島日報》、《東方日報》、《成報》、《太陽報》、《壹周刊》、《一本便利》、《蘋果日報》、《新假期》、《文匯報》、《自主空間》之訪問，及出版《蘇民峰玄學錦囊（風水天書）》與漫畫《蘇民峰傳奇 1》。

〇四年 再次前往西班牙、荷蘭、歐洲勘察風水，續應紐約華語電台邀請作風水節目嘉賓主持，及應有線電視、華娛電視之邀請作其節目嘉賓，同年接受《新假期》、《MAXIM》、《壹周刊》、《太陽報》、《東方日報》、《星島日報》、《成報》、《經濟日報》、《快週刊》、《Hong Kong Tatler》之訪問，及出版《蘇民峰之生活玄機點滴》、漫畫《蘇民峰傳奇 2》、《家宅風水基本法》、《The Essential Face Reading》、《The Enjoyment of Face Reading and Palmistry》、《Feng Shui by Observation》及《Feng Shui — A Guide to Daily Applications》。

〇五年始 應邀為無綫電視、有線電視、亞洲電視、商業電台、日本 NHK 電視台作嘉賓或主持，同時接受《壹本便利》、《味道雜誌》、《三週刊》、《HMC》雜誌、《壹週刊》之訪問，並出版《觀掌知心（入門篇）》、《中國掌相》、《八字萬年曆》、《八字入門捉用神》、《八字進階論格局看行運》、《生活風水點滴》、《風生水起（商業篇）》、《如何選擇風水屋》、《談情說相》、《峰狂遊世界》、《瘋蘇 Blog Blog 趣》、《師傅開飯》、《蘇民峰美食遊蹤》、《A Complete Guide to Feng Shui》、《Practical Face Reading & Palmistry》、《Feng Shui — a Key to Prosperous Business》等。

蘇民峰顧問有限公司
電話：2780 3675
傳真：2780 1489
網址：www.masterso.com
預約時間：星期一至五（下午二時至七時）

自序

人心不同，各如其面。心善而眼善，心惡而眼惡，心愁而面青，心樂而面舒。人樂觀，眼尾、嘴角自然向上，人悲觀，眼尾、嘴角自然向下；眉頭寬性格自寬，抑鬱者雙眉自然緊皺；慎言者嘴唇緊閉，多言者掀唇露齒或牙疏；體強者聲如洪鐘，病弱者氣若游絲。凡此種種皆有諸內，形諸外，但面相會因應人心之不同而隨之變化，故看相宜看近而不看遠，看精神又比看五官為重。再加上世界各國民族不同之風俗習慣去判斷，幾無差矣！

《太清神鑑》序

至神無體，妙萬物以為體，至道無方，鼓萬物以為用，故渾淪未判，一氣湛然，太極纔分，三才備位，是以陰陽無私，順萬物之理以生之，天地無為，輔萬物之性以成之，夫人居天地之中，雖稟五行之英，為萬物之秀者，其形未兆，其體未分，即夙具其美惡，蘊其吉凶，故其生也，天地豈容巧於其間哉，莫非順其世，循其理，輔其自然而已，故夙積其善，則賦其形美而福祿也，素積其惡，則流其質凶而處夭賤，此其灼然可知，其確然不易也，是以古之賢聖，察其人則觀其形，觀其形則知其性，知其性則盡知其心，盡知其心則知其道，觀形則善惡分，識性則吉凶顯著，且伏羲日角，黃帝龍顏，舜目重瞳，文王四乳，斯皆古之瑞相，見之問降之聖人也，其諸賢愚修短，猶之指掌微毫絲末，豈得逃乎。

目錄

第四章 獨立部位細論

【論額】

【論眉】

【論眼】

第二章

論面形

【論面形——側看法】

側看面形分五種——凸面形、凹面形、直面形、上凹下凸、上凸下凹等。額為思想而下巴為動力，額斜後者，思想快；額凸者，思想慢。至於下巴，為動力、行動，下巴退後者，行動迅速但不持久；下巴向前兜者，行動遲緩而有耐力。思想與行動當然以互相配合最佳，但可惜配合者少，不配合者為大多數群眾。

凸面形

凸面者，其額與下巴同樣向後退縮。額往後斜主思想快，下巴向後瀉則行動快，故此面形的特徵是思想與行動皆快，很多時未經過深思熟慮便已經行動，屬於性格衝動之人，即使一時獲得成功，也難以持久。

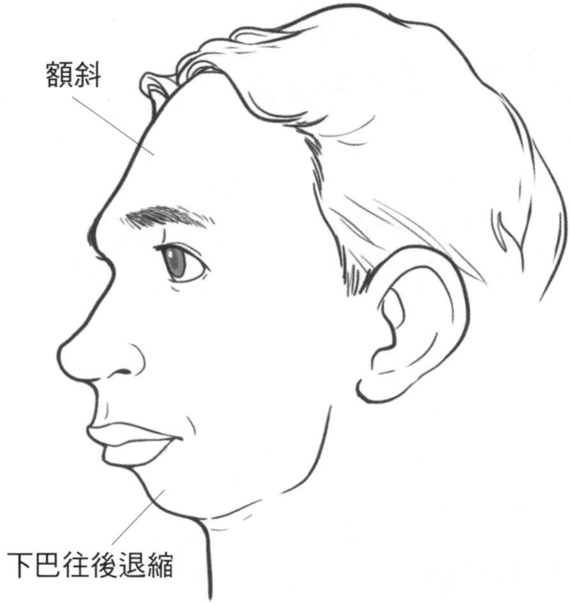

凹面形

額與下巴同樣凸出向前者，為凹面形。額凸思想慢，下巴凸行動慢，這樣的人每做一件事都會深思熟慮，在古時可能會因為反應太慢，顧慮過多，而很容易一次又一次地錯失成功機會。又這種人難免機心特別重，是一個不好對付的敵人，且此類人忍耐力強，可以長期忍耐，直到最好時機才作出反擊。

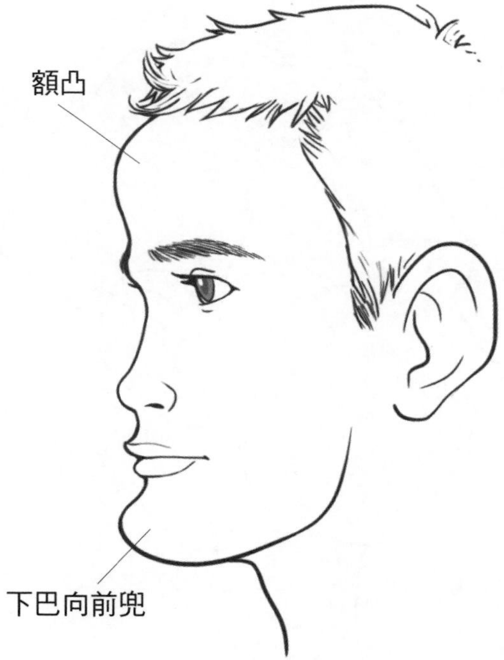

直面形

前額平直，下巴略向前兜者，思想行動不會過快或過慢，是稍思而動的人，不會太過衝動，也不會作過多無謂的考慮，是思想、行動配合得宜的人，此乃比較容易成功的面形。

上凹下凸

額斜，思想快；下巴兜，行動慢，而大多數人都是這種面形，故一般人總是思想多多，理想多多，但總是不去實行。事實上，他們不是不實行，而是等待時機去實行；而實行後，不管成功或失敗，他都不會很快退縮，而是長久作戰，這種人成功的機會當然較大。

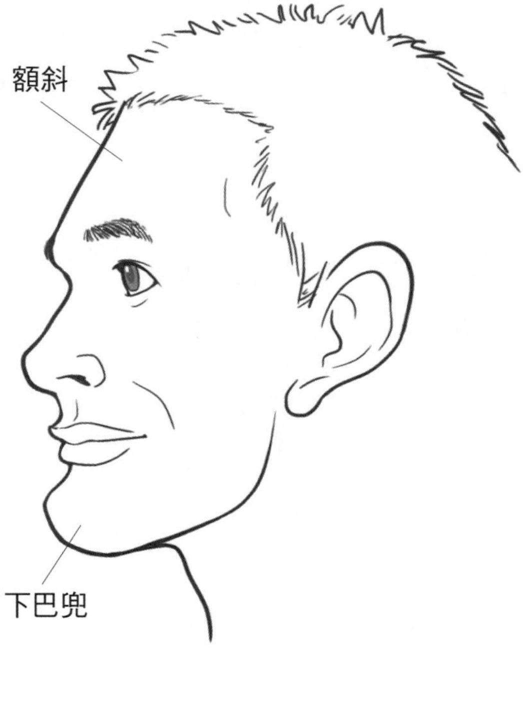

上凸下凹

額凸，思想慢；下巴後退，行動快，一個思想慢、行動迅速的人，不是代表他根本來不及思考，便已開展行動嗎？這種人做事往往未有經過深思熟慮，再加上下巴向後退縮，動力與實行力不足，所以做事只會一鼓作氣，衝動行事，不是一個容易成功的人。另外，很多腦部缺損的人，其下巴都容易出現嚴重後退。

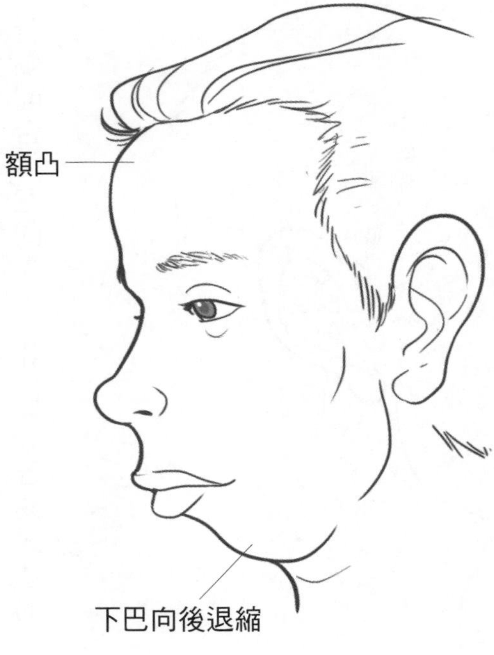

【正面三分法】

三分法主要將人分成思想型、享受型以及運動型，每一個人都是從以上三種形質組成的，只是某些人的個別形質特別強，形成了比較強烈的對比而已。

思想型

思想型的人，膚色白，正面看前額廣闊，下巴尖小，像一個倒三角形一樣。額代表思想，下巴代表行動，故得此面形者，長於思想，短於行動，最宜從事一些與思想創作或藝術有關的工作；至於執行方面，就找別人去代勞好了。

又此種人較重視思想精神上的滿足，對物慾的追求並不是太熱烈，情感亦較為冷淡。

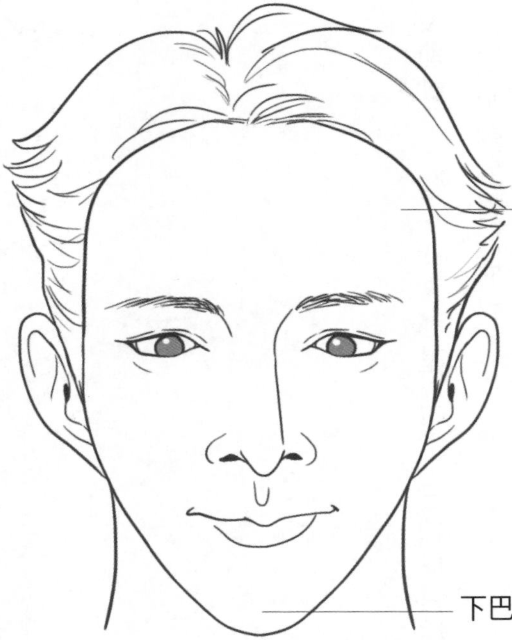

享受型

與思想型剛好相反，享受型的人前額較窄，下巴寬闊而飽滿，這種人較注重個人物慾、色慾的享受，而較少有高深的思想，人會比較現實、實際、實事求是，亦會較為自私，只顧及自己與家人的感受，對外人即使表面熱情，內心其實並不會太關心。由於這種人追求慾望的心比其他面形的人為強，故此類人成功獲得權力與財富的機會，會比其他面形的人的機會大得多，又這種人從商或從政的機會最大。

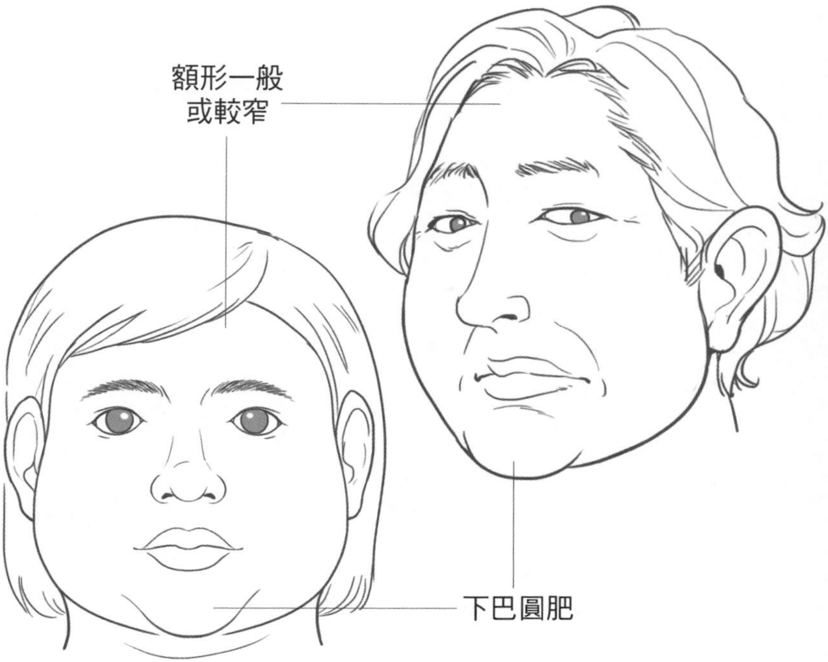

運動型

運動型的人，膚色黑，面形成方，腮骨橫張有力，前額髮腳較低，可稱這種人為「實幹型」，他們做事行動力足，體格強健，有堅忍的耐力，形質好者為冒險家、探險家、出色的運動員、武術家、軍人、警察。

形質劣者為勞力工作者、流氓，一生常與人爭執，打架衝突自較常人為多。

【正面五分法】

中國人自古把人相分成五類，即木、火、土、金、水，又此五型與八字之屬性不一定吻合。吻合者為入形入格，可歸類為貴格，一生容易得到名譽與財富；不入形者其實十之八九，這樣的話，依照一般面相五官好壞去判斷吉凶便可，並非不入形便會變成壞相。木、火、土、金、水五型人是以體形與膚色去分辨的，如木青而瘦、火尖而紅、土厚而啡、金白而方、水圓而黑等。

五型詩

木瘦金方水主肥，土型敦厚背如龜，上尖下闊名為火，五樣人型仔細推。

五色詩

木色青兮火色紅，土黃水黑是真容，只有金型是帶白，五種顏色不相同。

五行型局

木型人

木型人一般前額寬闊，下巴瘦削，面色帶青，好像常帶病容一樣。木型人的重點，是要眼有神，黑白分明，鼻樑高長直，這樣必能早年顯貴，故有「少年公卿多面青」之說。木型人有些類似三分法的「思想型」，其人長於思想，短於行動，如眼神混濁，腮骨無力，鼻形短小，則一生難有所成，故木型人為五類人中，富貴者最少的一群。

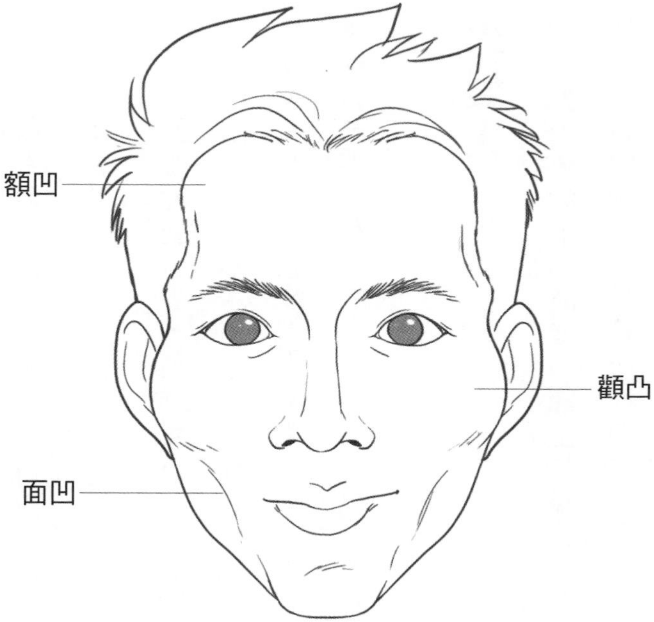

倒三角形面，有腮骨為木型帶金

【木型詩】

十個木型九個貧，木型難得眼有神，木型有神終富貴，木型無神一世貧。

五行木主仁，入形者其人重仁德。

又五行純型者少，混雜者多，如面瘦色白為木型帶金，主易得權力，但一生易見損傷；木型色黑，為水生木，這種人比較懶，但易得貴人扶助；木型帶紅，為木火通明，利智慧，但人較急躁；木型帶啡，為木剋土，有利財源，但如雙目無神，不管木型帶甚麼都是一般之相。

火型人

火型人的前額略窄，額上易見橫紋，眼帶紅絲而有神，鼻樑高、鼻形長，間或有鼻節，嘴唇緊閉，腮骨橫張而有力，甚至有時耳後見腮，像三分法的「運動型」，膚色帶紅，此乃正火型人。火型人一般宜從事勞動性工作，上至將軍，下至販夫走卒或靠勞力工作得財的，都有火型人存在。因火型人體格強健，肌肉結實，故從事體能性工作時，往往比其他人出色，在運動員、武術家、探險家、登山者或一切具冒險性的運動與工作中，都不難發現有火型人存在。好的火型人相，雙眼有神，嘴唇緊閉，鼻高長，腮骨橫張，得此相者，做任何事都不難處於領導地位。

然而，如火型人雙目無神，鼻形短小，只為一般型格，即使得到一時之志，也難以長久，始終並非大格局。另外，純火型人不多見，多為混合型，正火型是額尖、下巴闊，面色帶紅。

火型人——上尖下闊

面帶白，為火剋金，利財、利從商，而色帶青者具「思想型」之性格，是一個不錯的配合。

面帶黃，為火生土，洩弱了火的剛陽性，好處是減低其衝動性，壞處是減低其幹勁，是一個普通的配合。

面帶青，為木火相生，令到性格積極的火型人慵懶下來，大大減低了火型人堅毅不屈的個性，不是一個好的配合。

面帶黑，為水剋火，對火型人的名氣地位有正面作用。得此相者，將更加近似三分法的「運動型」，進一步加強火型人堅毅的性格。五行中火主禮，入形者主其人愛修飾禮貌。

土型人

面形闊，不論長面形如同字或短面形如田字，都是土型人的面形。土型人一般倉庫豐隆，額高闊而飽滿，下巴圓肥而腮骨有力且有肉包裹，面色帶黃、啡。

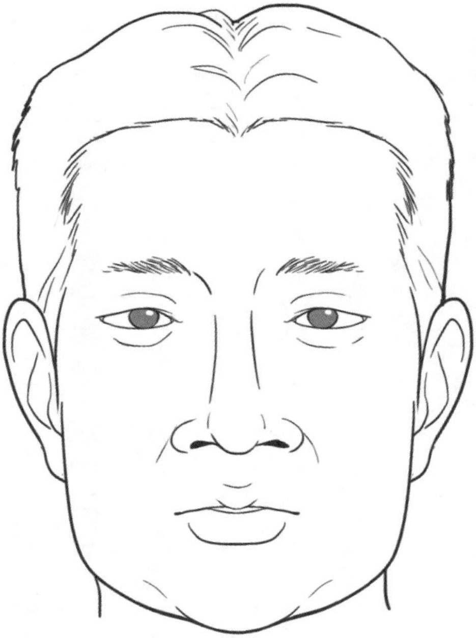

同字面

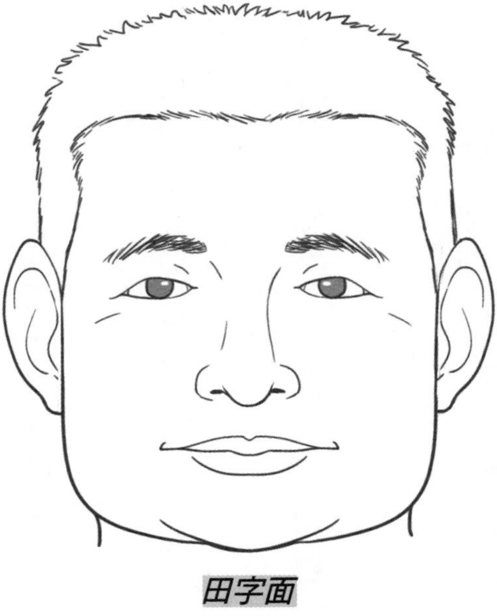

田字面

土型人的相格重點在於鼻，鼻高長者貴，鼻平短小者只能平生近貴，但因土型人的面形較闊，故上者為富豪財閥，下者亦能衣食豐饒，故土型人是五種型格中最富足的一型，他們一般從商。不過，在從政者中，亦不難發現有土型人存在。土型人近似三分法的「運動型」與「享受型」的混合體，既有堅毅不屈之志，又有懂得享受生活的心，故兩者加起來便不難積累到不菲的財富。

面色帶白者為土金型，更有利思想智慧的運用，能加強其人的應變能力，是一個不錯的配合。

面色帶黑為土型帶水，加重其「運動型」的個性，減低其物慾享受的心，這樣比較容易與人分享自己的成果，成為一個慈善家。

金型人

金型人面方而闊，呈國字形，其形與同字面、田字面相似，只是骨形外露，不像土型人般有肉包裹。其最大特徵是腮骨橫張，但不會像火型人般有時凸出外露成耳後見腮。

又金型人與火型人最大的分別，是金型人膚色白皙，與帶紅的火型人不同。火型人近似「運動型」，而金型人則「思想型」的形質較重。金型人由於腮骨有力，故逆境求存的能力強，且帶有堅忍不屈的精神。性情方面，火型人性格衝動，容易與人發生衝突，而金型人則是「思想型」，手段比較柔和，手腕亦比較圓滑，屬於先禮後兵一族。

總括而言，金型人是「思想型」與「運動型」的混合體，擁有思想型的智慧，也有運動型的執行力，是一個比較容易成功的型格。又五行金主義，其人不一定輕財，但重義。

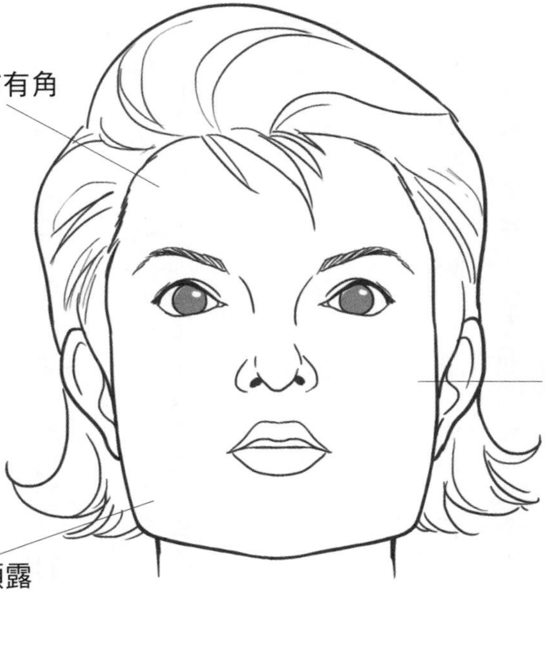

面色帶黑者是金水型，有利金型人之思想，亦使其更加近似「運動型」。
帶青者為金型帶木，木為金之財，此型更有利於運用思想以謀得財富。
帶紅者為金型帶火，這不是一個好的形質，因火型人較急躁，把近似「思想型」的金型人特質破壞了，使之變成一個容易與人爭執的人。
面色帶啡者，是土生金，雖減弱了金型人的堅忍能力，但卻加強了貴人之力，且會有土型人面面俱圓的個性。

水型人

只要用一個「圓」字，便可以形容水型人——面圓、眼圓、鼻圓、唇厚，都是他們的面相特徵。另外，其正色是黑色，但面圓而黑的正水人並不多見，反而面圓帶白的金水型比較常見。水型人不算是一個好的組合，因面圓為「享受型」，色黑為「運動型」，享受與運動兩者好像各走極端，背道而馳，故正水人在社會上能得到成就的，只是十有一、二而已。

面圓色白為水型帶金，色白為智慧，水型帶金有利水型人的智慧，使之更能用其智慧爭取財富。然而，這同時會使活動力不強的水型人變得更加慵懶。

面圓色青，為水型帶木，這樣可以加強水型人的思想，最利於從商或從事與運用智力相關的工作，但這樣的型格並不多見。

面圓色紅，為水型帶火，這種型格

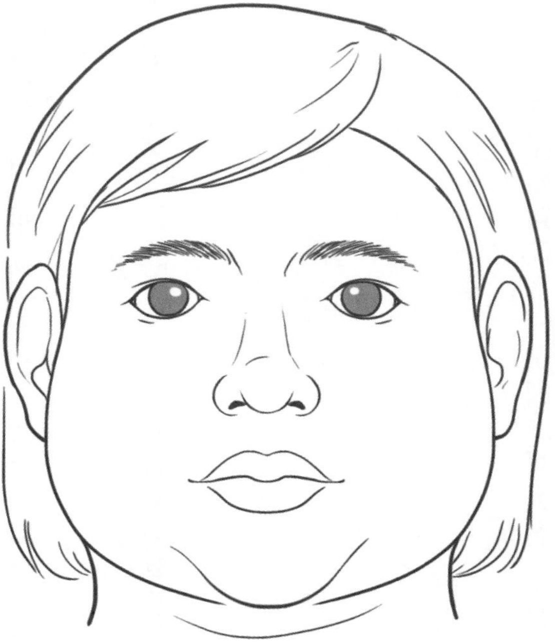

水型人──眉粗、面圓、眼圓、鼻圓、唇厚

是常見的，尤其在商場上，因水型帶火最利財富。其實，此亦為火型發福的變種，但不論何者，都能在商場上長袖善舞，是政商界中常見的人物。

面圓色黃、啡者，是水型帶土，由於土是剋水的，所以這不是一個好的組合；土即使是水的地位，也可能只是名大於利或徒具虛名而已。

以上五種型格是中國傳統面相之依歸。萬物皆由五行所生，每事每物都有其五行存在，而人亦不離其中也。

古訣（一）——論五行

【五行歌】

秀麗為金骨又清。鼻高豐起貫天庭。語言響亮如鐘鼓。自是朝中有大名。廣長為木若琅玕。形似青松耐歲寒。方便所為心性緩。自然憐物作清官。水勢能方面又圓。

骨清神秀幾多般。為人自是心難測。終是鳴珂一品官。骨肉高低面不平。火家兼瘦氣須清。有權猛烈多能斷。建節封侯直取成。敦厚兼清秀又豐。虎肩龜背項如熊。平生自是多豪富。位應中央不可窮。

【五行所生】

木為仁。主精華茂秀。定貴賤也。火為禮。主威勢勇烈。定剛柔也。金為義。主刑誅危難。定壽夭也。水為智。主聰明敏達。定賢愚也。土為信。主載育萬物。定貧富也。

【五臟所出】

肝為眼。又主筋膜爪甲。心出為口。又主血氣毛髮。肺出為鼻。又主皮膚喘息。脾出為唇。又主肉色。腎出為耳。又主骨齒也。

【五行相應】

眉是南方丙丁家。切宜竦秀有英華。高高細曲橫天貴。不用低濃壓眼斜。眼為甲乙屬東方。黑白分明勢要長。凝然不動藏瞻視。必向清朝作棟樑。鼻為庚辛屬西方。切要隆高貴印堂。偏曲左父右傷母。山根還斷失須防。口為戊己土中央。唇若丹砷勢要長。齒白細多齊更密。自然平地作公王。耳為壬癸北方中。輪廓相朝白又紅。下有垂珠兼過口。壽齊松柏與山同。

【五行相生歌】

耳為輪珠鼻為樑。金水相生主大昌。眼明耳好多神氣。若不為官富更強。口方鼻直人雖貴。金土相生紫綬郎。唇紅眼黑木生火。為人志氣足財糧。舌長唇正火生土。此人有福中年聚。眼長眉秀足風流。身掛金章朝省位。

【五行相剋歌】

耳大唇薄土剋水。衣食貧寒空有智。唇大耳薄亦如前。此相之人終不貴。鼻大眼小金剋木。一世貧寒主孤獨。眼大耳小學難成。雖有資財壽命促。舌小口大水剋火。急性孤單足人我。耳小鼻蠢亦不佳。慳貪心惡多災禍。舌大鼻小火剋金。錢帛方盛禍來侵。鼻大舌小招貧苦。壽長無子送郊林。眼大唇小木剋土。此相之人終不富。唇大眼小貴難求。到老貧寒死無墓。

【五行比和相應】

耳反須貼肉。鼻仰山根足。眼露黑睛多。唇反齒如玉。臉不近於眼。合主公卿富。只恐壽不延。性氣剛難伏。

古訣（二）——定型格訣

凡相有肥瘦，先後之不同，惟一掌定在先天，老少不能移易。故求形必須求掌，乃真種子。倘以相上之肥瘦定人差之遠矣。況金、木、水、火、土五行俱有肥瘦。

如金型則若石，石有大小，堅輕之石。木則若樹，樹有清秀。凝濁之殊。火則有太陽、燈燭之分。水則有江河、溝洫之別。土則有泰山、丘垤之形。何以肥瘦定人豈不錯哉。至於無氣、格如面紅是帶火，頭尖亦然。

如面尖瘦，是帶木。如面圓色白是帶金。如面上臃腫色黑，是帶水。金型掌圓厚，指節圓，掌色潤。如頭圓面微方，色白合格也。如面紅是帶火。如面黑是帶水。如面黃是帶土。如面瘦青是帶木。如頭骨太重，是帶金。如面方厚黃色，是帶土。如面方而圓，是帶金。水型掌肉浮脹軟滑，節不露微露筋，指短而圓。如面浮脹，身肉浮胖而黑，眼露混濁破格也。如面紅是帶火。如面白是帶金。如面黃是帶土。如面瘦小、多鬢、眉、髮是帶木。

【五型五局】

木型掌瘦、指長、紋多。

如面紅是帶火，額高、面長、鼻長，如木火通明之格。

如頭圓、面略小方，是帶金，面色白亦帶金。

如面黑唇紅，紋深，身黑，毛光黑，是帶水。

如頭平，鼻豐，掌厚，身胖，面青，黃是帶土。

土型掌方，厚指、方短、八卦現。

如頭平，地閣方，鼻大，身胖，肉實，不露筋骨，是土之正格也。

【五型歌訣】

【金型】

頭圓面圓耳又白，齒白唇紅身不黑。
骨肉調勻鬚髮疏，腹圓背厚聲清拍。
掌平方厚顴起骨，胸平有肉肥合格。
行動身體不輕浮，便是金型露貴格。

【木型】

掌瘦指長頸又長，鼻長身瘦腰又窄。
眉疏鬚疏髮又疏，聲清現喉青合格。
行動飄逸身仍定，耳白唇紅又高額。
便是木型富貴人，兩眼有神分黑白。

【水型】

肉多浮腫腹低垂，眉濁髮濃眼神露。
聲多痰滯音不響，唇多口大臀多骨。
頸多皺肉行難穩，指短肉多掌闊摸。
此是水型人似也，細看神強富貴夫。

【火型】

頭尖肉紅性又急，髮焦鬚黃鼻露骨。
顴尖骨露眼睛紅，眉上欠毛胸又凸。
掌尖大薄又露筋，行動身搖耳尖拂。
聲焦聲破額孤高，唇超露齒火型寔。

【土型】

頭平頂正鼻頭豐，地閣朝元方正宗。

枕骨平橫面黃赤，背腰平厚腹垂洪。
頸短掌方足背厚，聲沉耳厚髮眉濃。
眼長顴起面田字，五嶽朝相富貴公。

【五行象說】

天人之受精於水。故稟氣於火。而為人。精合而後神生。神生而後形全。是知全於外者有金木水火土之相。有飛禽走獸之相。金不嫌方。木不嫌瘦。水不嫌肥。火不嫌尖。土不嫌濁。似金得金剛毅深。似木得木資財足。似水得水文學貴。似火得火見機果。似土得土厚匱庫。故豐厚嚴謹者。不富則貴。賤薄輕躁者。不貧則夭。如子女之氣。欲其和媚。形貌欲其嚴整。若此者不富則貴。金型清心而堅。方而正。形短為之不足。肉堅為之有餘。詩曰。部位要中正。三停又帶方。金型人格事。自是有名揚。

木型昂藏而瘦。挺而直長。露節。頭隆而額聳。或骨重而肥。腰背偏薄。非木之善。詩曰。稜稜形瘦骨。凜凜更修長。秀氣水眉眼。須知晚景光。

水型氣而浮。闊而厚。形俯而趨下。其形真也。詩曰。眉粗並眼大。城郭要團圓。此相名為水。平生福自然。

火型上尖下闊。上銳下豐。其性躁急。騰上色赤。火之形也。詩曰。欲識火型貌。下闊上頭尖。舉止全無定。頤邊更少髯。

土型肥大。敦厚而重實。背隆而腰厚。其形如龜。詩曰。端厚仍深重。安詳若大山。心謀難測度。信義重人間。

【五色】

人抱陰陽以為質。上成則五型之色屬焉。其青色屬木。白色屬金。赤色屬火。黑色屬水。黃色屬土。故五色之人。得其本色者正。或得相生之色者。善也。然五色得地者。春色要青。夏色要紅。秋色要白。冬色要黑。又盡善也。若春有白色。為相剋。赤色為相反。黑色為相生。青色為比和。夏有黑色為相刑。黃色為相反。青色為相生。赤色為比和。秋有赤色為相刑。青色為相反。黃色為相生。白色為比和。冬有黃色為相刑。赤色為相反。白色為相生。黑色為比和矣。

【五音論】

夫人之相。形既成其五行。聲亦辨其五音。金聲響。木聲燥。水聲急。火聲烈。土聲沉。此五音之正象也。各具五行。各得其音者吉。相養相生者亦吉。相反相剋者凶。故木聲嘹喨條達。激越清標。火音焦烈躁暴。如火炎轟之聲。金音遠而不戾。潤而不枯。響而不散。高而不暴。如調簧奏曲。玉磬流音。水音圓而得清。急有餘韻。小如澗泉湍湍。大如海濤浩浩。土音深厚沉重。若滯而響。如甕底之音。山谷之韻。成五行之體。能得其本體之音。則無不富貴壽考矣。

【聲音詩　五首】

金聲高暢火聲焦。和潤木聲最富饒。土語卻如深甕裏。水聲圓急韻飄飄。
貴人音韻出丹田。氣實喉寬響又堅。貧賤不離唇舌上。一生奔走沒誰憐。
富貴中人發語清。聲音嘹喨似鐘鳴。有音有韻迢迢去。正是興波出海鯨。
對人煩語語聲嘶。敗卻資財作事低。眼底繁華光景好。他年只恐受孤淒。
聲似破鑼枉用心。乾枯躁急有何欽。富盈巨萬無功德。立見消亡也欠金。
聲出黃堂。清澈餘縹緲之韻。名登青史。語言戛琳琅之音。
如鼓如鐘。則享尊貴。似鳴似震。乃居卑污。
發聲清圓。行為果決。投語和暢。處事高明。
聲若破散哀嘶。此類可憫。音如乾枯焦燥。斯人維艱。

【五行形相論】

夫人受精於水成坎。稟氣於火成離。精氣合而後神生。神生而後形全。是知全於內者。必全於外。已而生也。由童而壯。則有金木水火土之形。人稟五行之生。順天地之和。食天地之祿。未嘗不由乎五行之所取。辨五行之形。要五行之性。金主方。得其五方之氣色不雜。精神不亂。其形方正潔白。而肉不盈。而骨不薄。骨堅肉實。陰陽不欺。色白氣剛。得其中矣。或眉促而欹斜。骨少肉多。則柔弱而不堅剛也。真金聲宏器大。金型得金局焉。動止規模。坐久而重也。木主長。得其五長之氣色不雜。精神不亂。其形挺而勁直。瘦而露節。骨多不謂之有餘。肉少不謂之不足。瘦直修長。如木之直。色清氣秀。得其正也。若腰偏背薄。非木之善。木秀骨堅。瘦而不輕。步穩者。方得為棟樑。木型得木局焉。動止溫柔。涉久而清也。水主圓。得其五圓之氣色不雜。精神不亂。其形圓而重。厚而實。背巍腹垂。行如水之趨下。腹圓腰圓。色玄氣靜。肉重骨輕。是其常也。或骨緩肉流。此謂之枝不補幹。則泛濫無所守也。行如流水。曲折深源。水型得水局焉。動止寬容。行久而不輕也。火主明。得其地露之氣色不雜。精神不亂。其形銳而下豐。色焦氣枯。動靜不常。反露焦燥。上尖如火之炎。色赤氣枯。得其中也。或遠露浮躁。則熛灼之過歟。風鑑云。一露即曰火。面深即曰土。似揭唇露背之火災也。火陰氣發。紅而不燥。色潤者乃為真陽。火型得火局焉。動止豐銳。坐久而不倦也。土主肥。得其五肥之氣色不雜。精神不亂。其形敦厚塵俗。露臂露背。面深腰露。形貌軒昂。肉輕骨重。色黃得其稱矣。或骨重肉薄。神昏無力。乃淹滯之土矣。厚重者。土實肉肥。而色紅潤。不流不滯。純靜土安。活動不枯。土型得土局焉。動止敦艮。臥久而安也。得此五行而無破者。大富大貴之人也。金木不可以相守。水火不可以相並。犯之者皆不合之相也。人之形貌。所受異同。取像非一。論形則擇其多者而為主矣。是以金不嫌方。木不嫌瘦。水不嫌肥。火不嫌尖。土不嫌厚。似金得金剛毅深。似木得木資財足。似水得水文學貴。似火得火見機果。似土得土富財庫。五行純一不雜。則為合格。故豐厚而重者。不富則貴。淺薄短燥。不貧則夭。又云。金為義。主剛直果敢。定壽夭也。木為仁。主精華清秀。定貴賤也。水為智。主聰明敏捷。定賢愚也。火為禮。主威勢勇烈。定剛柔也。土為信。主載育萬物。定貧富也。金方。木瘦。水圓。火尖。土厚。體宜相生。不宜相剋。剋則為災。生則為福。金型得金局。逢土為佳。土型得土局。見火尤妙。

金人火紅。財散如塵。木主金傷。錢消如雪。火逢光采。且帶紅活。愈進家財。水逢肥黑。又得圓厚。而倍增福壽。火人帶木。必定榮超。水局得金。終須快暢。土逢乙木。亦可流通。木遇微金。必斲削成器用。水逢厚土。忽破資財。火得微金。卒難進則。瘦人木型。得重金而最怕瘦。肥人土局。遇多木而嫌豐肥。火尖下。水年主不順。有腰有背。真火型也。金木水土亦要腰背。無腰背者。坐立不正也。端厚嚴謹者。不貴即富。淺薄輕躁者。不貧即夭。凡人五行成體。五音合格。必有根柢轉世。自喜陰德濟人。其安享富貴。無差謬矣。

【五行形象詩斷】

金型人。清小秀麗。面方聲響。形謂之不足。肉多謂之太過。部位要中正。三停又帶方。金型人入格。自是姓名揚。

木型人。長而瘦。挺而直。四肢俱長。不怕昂露。或骨重而肥。腰背扁薄。非木之善也。

稜稜形瘦骨。凜凜更修長。秀氣生眉目。須知晚歲芳。

水型人。面圓坐如石。起而浮。闊而厚。形俯而趨下。其水型真也。

眉粗並眼大。城郭要團圓。此相名真水。平生福自然。

火型人。上尖下闊。上銳下豐。骨肉不平。其形躁急。其色紅赤。乃火之形也。

火型多躁急。下闊上頭尖。舉止全無定。頤邊更少髯。

土型人。肥大敦厚而重實。背隆而腰厚。其形如龜。乃土之形也。

端厚人身重。安詳若泰山。心謀難測度。信義重人間。

【五音詩 五首】

木瘦金方水主肥。土型身厚背如龜。上尖下闊名為火。五樣人型仔細推。

秀麗為金骨又清。鼻高豐起額寬宏。語言響亮如鐘鼓。自是朝中立大名。

瘦長為木若琅玕。形似蒼松耐歲寒。條達幹枝藏邃谷。何愁不選到長安。

水勢能方面又圓。身肥骨秀自天然。行為舉止心難測。終佩鳴呵事事全。
火家兼瘦氣須強。猛烈有權佐廟廊。敦厚清和豪富貴。位居本體應中央。
一相形成。有為而有用。五行混雜。非體亦非材。
木帶微金。定成棟樑之器。土遇明火。乃是珪璧之儒。
火星得真。早榮科甲。水型無謬。必擁倉箱。
矮小兼肥。土犯水而多困。長大見削。木畏金而愈貧。
木少金多。焉能有用。水多火少。必是無成。
土型而得聲沉。嘉言富美。金體而能音響。堪許貴榮。
形體太傷。必然進鋭而退速。聲音相剋。定當始富而終貧。
形體清奇。此身定佐堯殿。相貌古怪。斯人早躍禹門。
如秋水。如喬松。相時而動。若孤峰。若磐石。善價則沽。

【林宗相五德配五行第三　郭泰。字林宗。東漢人。】

【五行水火木金土。太極生兩儀。兩儀生四象。四象生八卦。八卦生五行。】

陳圖南曰。天一生水。在人為腎。腎之竅為耳。又主骨齒。地二生火。在人為心。心之竅為舌。又主血氣毛髮。天三生木。在人為肝。肝之竅為眼。又主筋膜爪甲。地四生金。在人為肺。肺之竅為鼻。又主皮膚喘息。天五生土。在人為脾。脾之竅為唇。又主肉色。宋齊丘云。凡在五行俱有祿。只宜豐厚不宜偏。

秘訣云。人身具此五行。惟水火乃五行之最。水屬坎居腎。腎水旺能養巽之肝木。木得水濟而生離之心火。火得木助而生艮之脾土。土得火益而生兑之肺金。此生生不息之機。乃水之化源無端也。

【中藏五德通臟腑。五德。仁義禮智信。臟腑。肺心腎肝脾。】

玄神錄云。甲木主仁位居東。庚金為義向西從。禮依丙火南方地。智於壬癸北方中。唯有戊土無方位。信立陰陽理則同。五者本非泛然物。隱於臟腑妙無窮。

秘訣云。水火木金土。肝肺心腎脾。五德配五行。仁義禮智信。發而為四端。信則居其一。生相若無信。虛負軀殼體。吾見世間人。致飾於外矣。不知無文中。含有真實理。真實即為信。四時不愆期。相中全在信。福祿壽須彌。四端豈假借。各具其一理。信寄四端中。有用無方體。

【水圓本是智之神。水性周流無滯。智之體似之。】

風鑑云。眉巃並眼大。城郭更團圓。此相名真水。平生福自然。成和子云。水型主圓。得其五圓。氣色不雜。精神不亂。動止寬容。行久而輕也。語云。智者樂水。又云智者動。

秘訣云。水。先天之氣耳。貫通於六合。化機不息。亘古如常。圓融似智。得其形並得其性。是為真水。主聰明敏達。定賢愚也。經云。似水得水文學貴。

【火有文武禮之附。火之用有文武。禮之體似之。】

風鑑云。欲識火型貌。下闊上頭尖。舉止全無定。頤邊更少髯。成和子云。火型主明。得其五露。氣色不雜。精神不亂。動止敦厚。臥久而安也。

秘訣云。以火為神水作精。精全而後神方生。神全而後氣方備。氣備而後色方成。火之在人為禮。得其形。並得其性。是為真火。主威勢勇烈。定剛柔也。經云。似火得火見機果。

【木居東位仁發生。木之德為仁。含生生之機。】

風鑑云。稜稜形瘦骨。凜凜更修長。秀氣生眉眼。須知晚景光。成和子云。木型主長。得其五長。氣色不雜。精神不亂。動止溫柔。涉久而清也。

秘訣云。木之枝幹發於甲。木為天地長生之府。配於五德。居其首。在人為仁。得其形並得其性。是為真木。主精華茂秀。定貴賤也。經云。似木得木資財足。

【金方斷制義自然。金之性。有撙節裁處之宜。】

風鑑云。部位要中正。三停又帶方。金型人入格。自是有名揚。成和子云。金型主方。得其五方。氣色不雜。精神不亂。動止規模。坐久而重也。

秘訣云。金之位於乾兑。含西方肅殺之氣。秉堅剛之體。在人為義。得其形並得其性。是為真金。主刑誅厄難。定壽夭也。經云。似金得金剛毅深。

【土定不移信常足。土之性定信立綱維。】

風鑑云。端厚仍深重。安詳若泰山。心謀難測度。信義動人間。成和子云。土型主厚。得其五厚。氣色不雜。精神不亂。動止敦龐。處久而靜也。

秘訣云。土浮游於四季。旺在辰戌丑未。寄在丙丁。一季主事十八日。其德能生萬物。在人為信。得其形並得其性。是為真土。主載育有容。定貧富也。經云。似土得土厚匱庫。

【此為五德配五行。總結上文而言之。】

風鑑云。木要瘦。金要方。水肥土厚火尖長。形體相生便為吉。忽然相剋定為殃。

秘訣云。蒼松翠柏。歲寒不凋。可以觀仁。精金美玉。百煉琢磨。可以觀義。火風烹飪。鼎養聖賢。可以觀禮。長江大河。天機流動。可以觀智。名山大川。載重不洩。可以觀信。人與天地並立。天地一人也。人一天地也。知此五德配五行之說。其迨庶幾乎。

【正面十分法】

近代有十分法將面形分成十種，但粗略研究，應分成十一種，這樣會比較詳盡。但面形何止千百種？只要懂得三分法的基本原理以及五官的定義，則不論何種面形都能透徹了解；又十一種面形只是方便計算而已，看相時實毋須刻意找出其人屬何種面形。入形者，當以此十一種斷之；不入形者，則耳、額、眉、眼、顴、鼻、嘴、下巴、腮骨，逐樣端詳便可以了。

甲字面

甲字面即倒三角形面，近似三分法的「思想型」，其重點在眼、鼻——眼有神者，少年顯貴，鼻長直者，運氣可延至六十，但六十歲行下停運時，運勢必然退減，難復少年勇。至於鼻形短促，則四十歲後運氣逐漸減退，眼無神者則一生難有所成，變成一個只有空想，沒有行動的「思想型」人。甲字面與「思想型」人一樣，都適宜從事與智力運用相關的工作，如設計、創作、發明、藝術等。但因體力不佳，實行力一般較弱。

甲字面

申字面

申字面之面形，前額略圓窄，顴高鼻高，下巴略尖圓，似鵝蛋一樣，故中國人稱之為「鵝蛋面形」，又此種面形以女性居多。甲字面與申字面是女性最漂亮的面形，故絕色美女當以此兩種面形為多。

此種面形的顴鼻比較突出，顴為權，鼻為地位，一般申字面之女性，不是獲得好姻緣，便是自己能創一番事業，算是一個不錯的面形。

如是男性，在中年時期，尤其是四十至六十歲時，亦能達到事業的高峰。

申字面

惟此種面形的額與下巴較弱，中停的顴、鼻最為突出，故有時性格會較為衝動，亦容易以自我為中心，自視過高，自信心過強，不是一個容易相處的人。

圓字面

圓字面人，面圓、眼圓、鼻圓、唇厚、眉毛幼而眉形粗，近似三分法的「享受型」與五行面相的水型人，但圓形面一般以面白居多，面黑者少，故似五行面相的金水型人。

人如其面，面愈圓人便愈圓滑，交

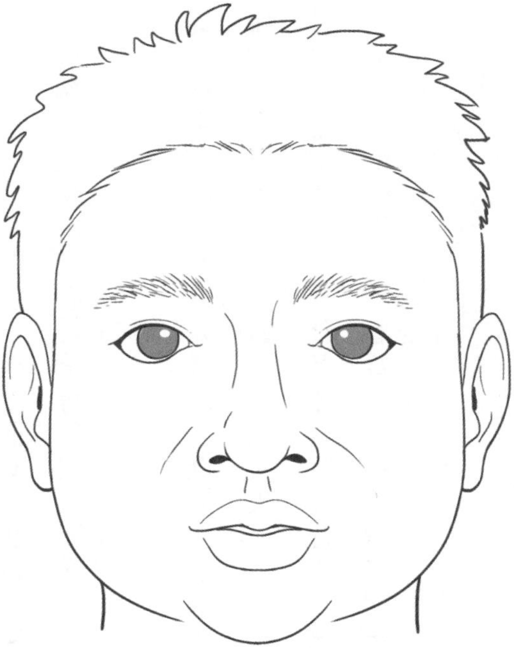

圓字面

際手腕愈佳，是一個長袖善舞、面面俱圓的人，從商、從政，或是從事演藝界等常接觸陌生人的工作就最為適合。

若要觀其人之成就，要看眼是否黑白分明而有神，兩顴是否夠高而有肉包裹，兩者皆是者成就必大，否則一般只會從事公關、保險、飲食業或者經紀等行業，雖然不一定出色，但其衣食也是豐足的。

此種面形配鼻小又叫「五嶽無主」，其人平生近貴，對外人緣佳，惟男女感情比較容易出現障礙，男性猶可，女性則有時會嫌丈夫不夠出色，喜歡拿自己丈夫與人比較；無奈鼻形細小的女性，不容易配到出色的丈夫，能靠夫的機會比較細，除非嫁不正常姻緣，尤其是離過婚或年紀比自己大十年者。當然，最好能夠兩者齊備，如此便可能扭轉宿命，嫁到一個可以依靠的老公。

同字面

同字面者，面方而圓，額方，鼻形高長，腮骨有力而不起角且有肉包裹，面形較闊，下巴兜，上中下三停平均，面色帶啡。

這種人天生體格強健，精力過人，能成大事。他們近似五行面相中的土型人，財富比例是各種面形之最。

同字面人性格固執，不喜歡受人支配，結果成了推動其成功的一種性格；又同字面人以男性居多，女性並不常見。

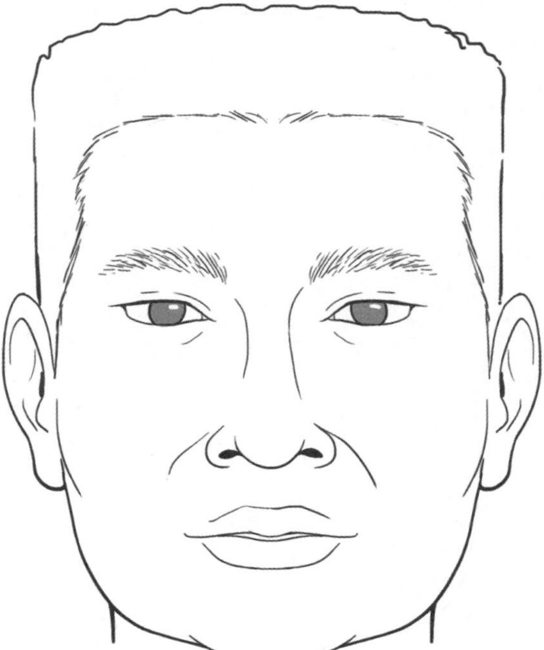

同字面

田字面

田字面的人，面方圓短闊，額方，鼻形略短，腮骨有力而有肉包裹，下巴向前兜，面色帶啡，與同字面形極為相似，但身材較同字面形細小，很多時為五短之格，即頭短、面短、身短、手短、腳短，入形者貴，不入形者富。

田字面的男女比例比較平均，並非男性所獨有。

田字面

由字面

由字面與甲字面剛好相反，這種人額窄，中停略闊，腮骨橫張而有力，形成正三角面形，三十歲前孤苦，中運漸佳，晚運亨通；又下停主家庭，故由字面較注重自己家庭，子女運亦佳。

由字面前額尖削而下停寬闊，又上停為思想，下停為物慾，故其人往往缺乏高深思想，只注重個人物慾的追求，凡事堅持己見，不是一個容易溝通或相處的人。

由字面的女性較為常見，男性有此面形會近似風字面多一些。

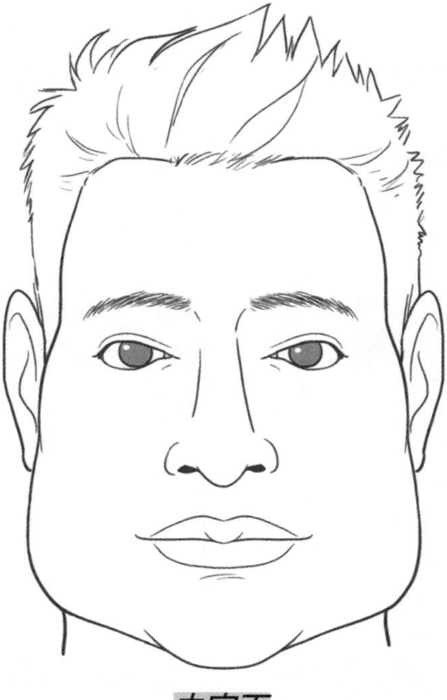

由字面

目字面

筆者便是近似目字面的人，其實目字面也近似「思想型」加「運動型」。田字、同字面，較似「運動型」，至於目字面，則偏重於「思想型」。目字面者，額、太陽穴一般凹陷，面形瘦且有時凹陷，腮骨顯露而橫張有力，但不會耳後見腮。這種人愛思想、疑心重，不是一個容易相信別人的人。

另外，目字面的重點在於眼和鼻，眼有神、鼻形長者，三十歲後開始上運；如單是鼻形高長，則四十歲後上運；眼鼻皆無，三十歲後逐漸孤貧，難有所成。如果

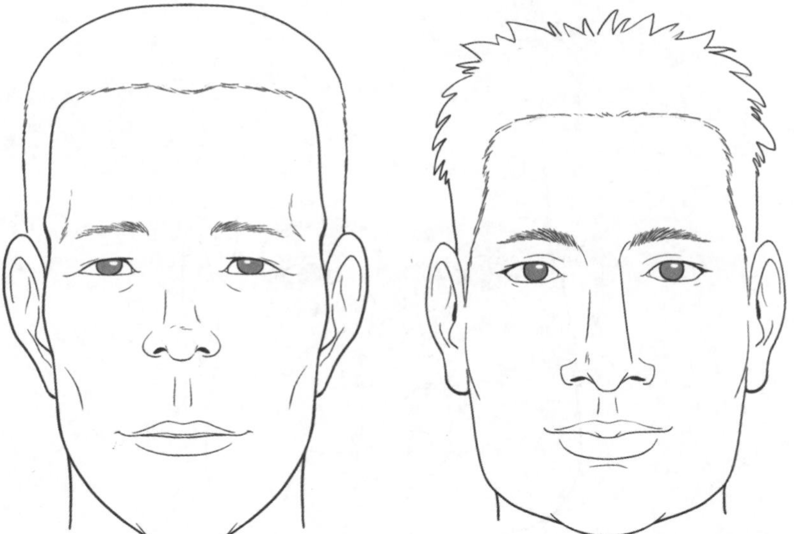

鼻短眼無神，腮骨無力，一生難有所成

眼神足、鼻長，必有所成

腮骨闊、下巴兜，則晚運可得，否則孤苦無成。

王字面

王字面者，骨重肉輕，他們一般太陽穴與面部瘦陷。正所謂「面凹之人多憂思」，此種人善於機謀計算，事事計較，即使雙眼黑白分明而有神，鼻樑長而挺直，獲得不菲的財富，也不會是一個快樂的人；如其人雙目無神，鼻形細小，更會在小事中計算，變成既不得財富，又不快樂的人。

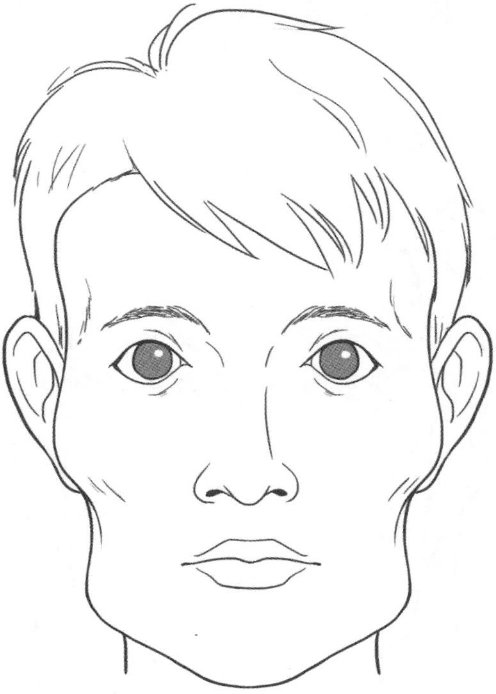

王字面

國字面

國字面者，面形方闊，腮骨顯露，與三分法的「運動型」近似。此種人有堅毅的耐力，體力亦佳，且有幹勁，其重點是雙目是否有神、鼻樑是否長而挺直。如兩者皆是，則不論在職場或運動場上，都不難成為一個傑出的人物；但雙目無神，鼻形短小，則為一般販夫走卒，或以勞力得財的普羅群眾。

不論上述何者，國字面的人，因其腮骨顯露而有力，故很能守秘密，以及在逆境中求存。

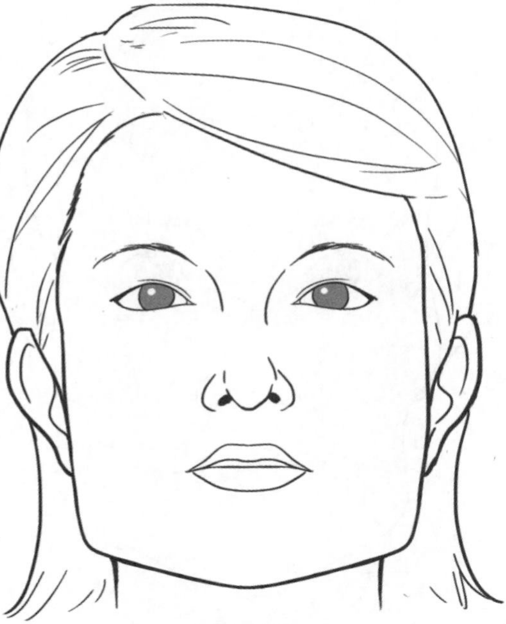

國字面

風字面

風字面與國字面的不同之處，是其腮骨橫張而凸出外露，比整塊面的寬度要闊很多，即使從背面頭之後枕位置，亦能看見凸出外露的腮骨，故一般人稱之為「耳後見腮」。

有謂：「耳後見腮，反骨無情」，其實耳後見腮與國字面都主秘密性強，得此相者，會將決定好的事情藏於心中，有日一旦表露出來，往往令外人覺得很突然，認為此人說變就變，是一個不重情的人。其實，他們都經過詳細考慮才作出決定，只是沒有對外透露一點

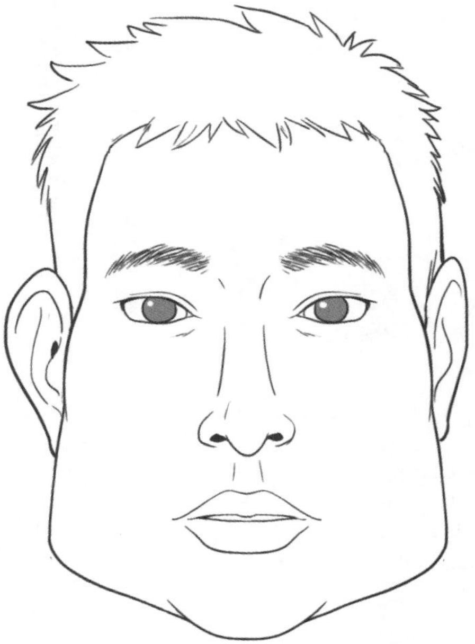

風字面

風聲而已。但風字面與國字面最不同之處，是其破壞性。國字面的人，選擇不再與你合作時，會說走就走；而風字面人卻會將他建立的一切破壞掉才走，這是兩者最大的分別。

風字面因腮骨更為凸出，故其韌力自然較國字面更強，惟風字面一生多有一次橫禍，撞車受傷也好，小火災也好，在年歲九字尾的時候最容易發生。

風字面人成功與否，也是看眼神與鼻形，看法與國字面無異。

用字面

腮骨明顯一邊大一邊細為用字面，在現代都市人中是常見的，代表物質慾望不平衡，每喜歡與人比較，見到同事、朋友擁有的，自己也想擁有，當得不到時，內心便會覺得不快。

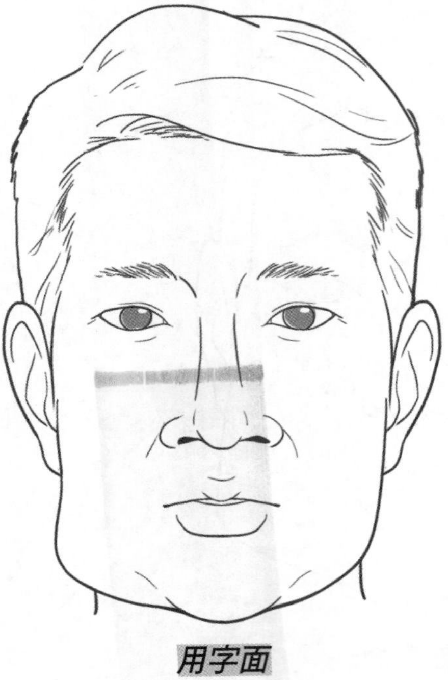

用字面

又左邊面代表三十歲前，右邊面代表三十歲後，比較起來，以右邊面比較大會好一點，代表晚年運不差，因六十歲後下巴與腮骨部位至為重要——下巴兜、腮骨有力，代表晚年安樂；即使下巴不向前兜，單單只是腮骨豐滿而有力，亦可保晚歲衣食無憂。

古代論面形的書絕無僅有，近至清末陳淡埜在《相理衡真》才見提及，在此列出原文供後學者參詳研究。

古訣論面（一）——《相理衡真》

【秘傳十字面圖】

天下之貌亦眾矣。夫豈十字足以盡之哉。雖然。善觀理者。以一本而貫萬殊。善觀相者。具五行而包萬狀。何則。人之有形。無非稟五行之精氣。人之有貌。豈復離五行之體質。以五行而以偏正分之。雖百千萬人。不能出乎十字之外矣。今且以正者論之。上尖下闊者。火之正。非由字之謂乎。下尖上闊者。木之正。非甲字之謂乎。圓而肥者。水之正。非圓字之謂乎。方而厚者。土之正。方而厚且長者。金之正。

非田字同字之謂乎。以其偏者論之。上下俱尖而中間大者。乃火木之偏。非申字之謂乎。上下俱大而中間小者。乃水火之偏。非風字之謂乎。上下俱方而長且瘦者。乃金水之偏。非目字之謂乎。方而尖方而露者。乃火土之偏。非用字王字之謂乎。是則得五行之正者。具五行之真。得五行之偏者。具五行之雜。各具五行而以偏正分之。萬狀雖多。不能離乎五行。十字雖少。實能包乎萬狀。根基之厚薄。限步之吉凶。居然可見矣。豈能出乎五行之外斷之哉。此皆真實之理體。造化之妙。因筆之於書。

總目。由甲申田同。王圓目用風。能明十字理。造化在其中。

由字面圖

【由字圖說】

凡人天庭窄狹。地閣豐腴。此有地無天格。謂之由字面。男人得此。初主二十年孤苦。祖業少。根基薄。直待中末。進福進財。所謂皆遂。二官好小貴之位。四官好撫藩之位。若五官俱不好。亦主富足。只是不貴。女人得此。孤而無子。中壽之相。珠生別浦。玉產他山。若五官相稱。子孫得吉。而有威有媚。亦主夫人之分。有媚無威。一生福祿則不足矣。

甲字面圖

【甲字圖說】

凡人火星寬廣。只是地閣尖虧。此有天無地格。謂之甲字面。財祿不足。清多濁少。主二十五年。享優游之福祿。有祖業蔭襲。二十六歲可着意於功名。五官好小貴可得。五官不好。始富終貧。纔交五十一二。以大化小。財散人離。婦人亦然。子當三四。性心聰明。壽元堅耐。

申字面圖

【申字圖說】

凡人天庭窄狹。地閣尖虧。天倉地庫。俱不豐滿。謂之申字面。而人位陷。謂之面記四官。不為上格。男人得此。初年不利。幼歲多屯。父母宮不足。則主刑剋。無祖業。無根基。二十七歲後。方許謀望遂意。三官好功名有分。五官好多壽之人。耳及山根陷。當主勞苦奔馳。宜出外經求則吉。五官全不好者。一生貧蹇。三移九住之人。若帶三尖五露。尤不入相。貧賤孤苦之人。五十二以後。皆主不吉。若髭鬚相稱。可以隱居守靜。則吉。殺重者不免有刑剋苦惱。女人亦然。

【田字圖說】

凡人面部方闊。倉庫豐隆。謂之田字面。男人得此。初中末皆吉。二官好小貴之分。五官四官好。將相之分。但部位闊而逼。厚而促。肥而滯。白色者決主

田字面圖

同字面圖

無壽。蓋以金氣太旺故也。若得黑色。則南人似北。主貴而壽。富貴雙全。妻子皆吉。五官不明。富而不貴。孤而無子。女人亦同。他色白亦為得體。無妨於壽。

【同字圖說】

凡人三停長廣。五嶽隆明。倉庫俱全。部位不逼。謂之同字面。三才俱足。六府皆全。最為上格。男人得此。初中末皆吉。二官好。功名之分。三官好。司府之分。四官好。宰相之分。五官不好。亦主一生富足。妻賢子貴。壽過八旬。女人亦然。

王字面圖

【王字圖說】

凡人面部方正。有骨無肉者。謂之王字面。倉庫缺陷者。乃陽乘於陰。難作富貴之人。當主機謀計算。奸貪勞碌。居城市則為書吏弓兵。在河濱則為漁翁榜人。在鄉落則為牙保幹甲。屠沽之人。初中末三限。步位平穩。亦可發福。但無中時有。散中時聚。壽元卻耐。妻子不緣。一生近貴。奔走勞苦。五官端正。亦是有名無利。有利無名。財祿不全之格。

圓字面圖

【圓字圖說】

凡人面圓眼圓耳圓。謂之圓字面。而陰旺陽衰。不入貴格。男人得此。當主父母早亡。骨肉分散。壽數不高。白而肥滯。不滿三十。發則便死。五官都好。可主財食田產。五官三官不好。決不富貴。只可作技藝之人。出祖離宗。求得延壽。否則喪死難免。女人得此。初主不得父母公姑之力。蓋緣孤星太重。殺氣不藏。夫宮重疊隔角。可以延壽。否則三十一。防有橫夭。

目字面圖

【目字圖說】

凡人天庭高而狹。人部促而小。地閣窄而長。謂之目字面。而金水相傷。不成富貴壽考之相。乃為下賤之格。當初主二十年。在於大廈享優游之福。二十年以後。以大化小。財散人離。賣盡田園。縱有二三子。不能接力。心性稍聰。不能習上。當作手藝挑販。奸巧謀生。刑剋亦多。若婦人初得翁姑之意。久則不合。並主傷夫剋子。孤寡伶仃。壽過八旬。男女得此不吉。五官縱好。均是虛名。

用字面圖

風字面圖

【用字圖說】

凡人面部不端不正。謂之用字面。若眉眼雜亂。鼻曲口斜。當主離而後立。破而後成。五十一二。傷妻剋子。孤獨鰥寡之徒。婦人亦然。乃中壽之相。若身體厚。皮膚潤。初二十年。平常衣食而已。

【風字圖說】

凡人天庭方廣。地閣恢肥。而震兌兩宮俱狹。謂之風字面。若本身陷弱。喚作杖鼓形。蜂腰面窄。當主始富終貧。虛花無實。三移九住。近貴安身而已。女人得此。必當流落風塵。有夫無子。有子無夫。決不兩全。

古訣論面（二）

面長者多辛苦（長而窄。則中年大敗）。面橫者多刑傷（肉橫骨橫皆凶。並妨妻子）。面凹者心機多（額與地閣皆凸。唯鼻獨凹者是）。面凸者情義少（額與地閣皆凹唯鼻獨起）。面如繃鼓（面皮太急是也。雖人中長亦夭）。面皮虛薄者無壽（肉不稱骨為虛。有皮無肉為薄）。面肉輕浮。面上生泡者。損子喪妻。面如光油。破財又夭。面如傅粉。淫敗又剋（桃花色）。面如橘皮孤苦（滿面毛竅。如有塵垢所膩者是。主退敗孤剋）。面如塵枯夭滯（面枯無運。面暗多災。枯而又暗。死期至矣）。

面無善筋。見俱不利（額青筋剋父母。少年多病。驛馬青筋。出行不利。山根青筋。少年病中年刑剋。年上為戊己土位。乃萬物生成之地。有筋。多橫禍。防水火災。準頭亦然。蘭台廷尉紅白筋。貪酒色。眉眼紅筋。官非火災。淚堂青筋。剋子。魚尾青筋。剋妻妾。耳門青筋。妻常病。顴青筋。剋妻子。紅筋。多橫禍。髮中赤筋。不死兵戈。即死喉痧。總之。筋非善物。筋不束骨則夭。浮筋露骨則勞。喉上有筋。性暴防橫死。惟腹上有一紅筋而橫者。主富貴）。

面無善痣。顯處多凶。

面無善紋。凶多吉少。

面無善瘤。生即主窮（生於面上若紅如硃砂亦吉）。

面無善斑。不淫則夭。

面白之人多無膽。面赤之人多招災。面黑之人多狡毒。面藍之人多奸惡。面青之人多憂思。面黃之人多慎重。面紫之人多安逸。面瘦身肥。面粗身細。面黑身白者。富貴。面肥身瘦面細身粗。面白身黑者。貧賤。

面如滿月。氣深色秀。而神采射人者。曰朝霞面。大貴。

若色嫩氣嬌（少則病夭。老則辛苦。剋妻子）。精神浮泛（不死亦敗）。赤如火。昏如泥。滿面塵埃者。皆破敗死災之徵也。

男貴方面。女貴圓長（圓長為鳳形。方面為虎面。多犯殺星）。欲知女人之貴賤。可觀面色之盛衰（男在精神。女在氣血。故看皮血）。深白淺紅。淫而姤。面如傅脂。淫而夭。雀斑淫而無子。青藍毒而剋夫。黃則賤（血濁且好色）。赤則淫（血衰無子）。白則夭（女人要白帶黃潤為正。否則血枯。淫而夭）。橫者惡。

【論面】

列百部之靈居。通五腑之神路。推三才之成象。定一身之得失者。面也。故五嶽四瀆。欲得相朝。三停諸部。欲得豐滿也。貌端神靜氣和者。乃富貴之基也。若夫欹斜不正。傾側缺陷。色澤昏翳。氣貌醜惡者。貧賤之相也。是以面色白如凝脂。黑如漆色。黃如蒸栗。紫如絳繒者。皆大富貴。若面色赤暴如火者。命短卒亡。毛色茸茸。昏濁枯燥。無風似有塵埃。貧夭死。面色怒變青藍者。毒害之人。面作三拳者。男主剋子而貧。女主剋夫而賤。面如滿月。清秀而神采射人者。謂之朝霞之面。男主公鄉相。女主后妃夫人。面皮厚者。性純而孝。面皮薄者。性敏而貧。身肥面瘦者。命長性緩。身瘦面肥者。命短性急。面白身黑者。性易而賤。面黑身白者。性難而貴。如果面如黃瓜者。富貴榮華。面如青瓜者。賢哲堪誇也。詩曰。鼻樑高起豈尋常。紋促中年壽不長。地閣豐圓田地盛。天庭平闊子孫昌。又云。對面不見耳。問是誰家子（主人貴）。對面不見腮。此人何處來（主大不好）。又云。面麗身細人之福。面細身粗一世貧。縱身玉樓無總發。一身無義亦無親。

第四章

獨立部位細論

【論耳】

耳之形態

左耳代表一至七歲，右耳代表八至十四歲，不論男女，看法皆同，又耳主三十歲前之體質，鼻主三十歲後的體質，然耳既代表少年，同時又代表老年六十歲後的福分。察看的時候，主要看耳垂為主，耳垂豐厚，晚運必佳；耳垂尖削，再加上下巴瘦削而退縮，必主晚歲孤貧。

耳是察看遺傳性的最重要部位，耳善，父母必善；耳惡，父母遺傳必然不佳。相嬰孩雙耳時，要看輪廓是否整齊、顏色是否潤白、耳是否硬而有骨，如是者遺傳必佳，易養易教；反之則少年必然多事，反叛心強。

例如輪飛，如像貓耳一樣，其人秘密性與破壞性必強。

廓反，主好勝心強，不認輸。現代女性耳形廓反的為數不少，不像筆者兒時的少女那麼柔順。

輪飛

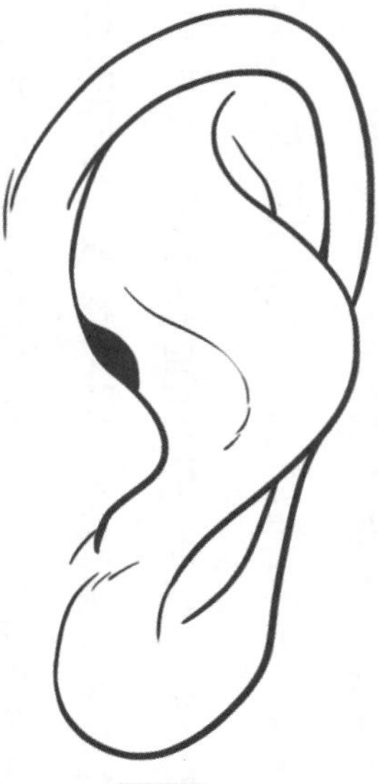

廓反

耳既為先天性，故要改變其主宰的好壞其實並不容易。例如耳形細小、耳輪崩缺凸出，必主少年體弱多病，這樣唯有靠後天鍛煉，壯其心志，強其體質，才能克服先天的遺傳性。耳主三十歲前的體格，鼻主三十歲後，鼻高而直，體格必強；又眉眼主掌聰敏、唇主情慾、下巴主晚福，如耳相不佳，但其他部位得宜，亦可靠自己努力而有一番作為。

又耳一般以貼肉為佳，是祖上富貴之徵，故有「對面不見耳，問是誰家子」之說，代表其祖上必然富貴且有名聲，然而這只主祖上，並非父母。如前額方闊，父母亦為富貴之人；如前額低窄，則祖業不能蔭其身矣。

耳主要察看大小、厚薄、軟硬、黑白、高低、貼兜、輪廓是否分明，下分述之。

耳之大小

【耳大】

耳大者一般體力佳，活動力較強，較難坐定定聽父母教誨，所以大耳小孩的父母常覺得孩子不聽教、無時停。其實，這只是他體力較佳之故，必要發洩完其精力才能定下來。所以，家有大耳小孩的話，宜讓他多參與運動性的課外活動，如功夫、足球、游泳等。

【耳小】

耳小的孩子，一般體力較弱，只要多動一點便會覺得疲累，必要坐下來抖一抖，休息一下。父母或會覺得孩子一叫便停，好像很聽話，但其實他只是覺得很累，連動也不想動而已。所以，耳大、耳小跟聽話與否其實是無直接關係的。

厚薄

【耳厚】

耳厚者體質一般比較強健，但當然還要參看耳大、耳小，如又大又厚，體質當然更加強健，尤以少年時最為應驗。

【耳薄】

耳薄如紙，命苦之人，不論男女，皆非好命。如薄如豬耳又無輪廓，則此人難免終身漂泊不定，命如飄蓬；耳薄如大，且輪廓分明，則主少年體質較差而已。

軟硬

【軟】

耳軟者，腎氣不足，體質較弱，如厚大還可，倘若又薄又細又軟，唯恐疾病連年，宜從小注意飲食，多做運動，強健體魄。

【硬】

耳硬腎氣足，即使雙耳略細又薄，但耳硬之人，體質仍是可以的；如又大又厚又硬，當然是體強而魄力又足。

黑白

【黑】

耳暗黑者，腎氣必弱，即使水型色黑者，亦要黑而有光采；如又暗又黑，即使其他條件配合得宜，亦非善相，故對耳相而言，顏色比其他條件更為重要。

【白】

耳白於面，聞名四方。究其原因，是因為耳白者，腎氣足，記性佳，在追求學問時自然有好表現；如加上其他部位配合，一生必屬人中之上。

高低

【耳高】

耳之高低標準，上要齊眉，下要齊鼻，高於此為高，低於此為低。

古書說，以高眉一寸者貴，高眉二寸者大貴，但現代人相，耳高眉一寸者已不多見，高眉兩寸，世所罕聞，即使見到，亦只似猿猴之相而已，哪能論貴？筆者在二十多年前在瑞典一個小鎮幫客人看餐館風水時，發現餐館中有一個廚師，形似猿猴，耳高眉一寸，年紀應該在五十開外，估計較難再有突破，可能任此職終老。由此可見，即使耳高於眉，亦無所用。

西方人的耳朵一般齊眉或過眉，東方人齊眉者已經少見，更遑論高於雙眉，但其實眉高眉低，主要反映個人追求之不同，故不論東方、西方，美洲、非洲，看法一樣，只要知道其道理，相法是放諸於天下皆準的。

耳高之人注重精神上之滿足，人較理想化；耳低之人實事求是，首要滿足自己的色慾、食慾，確保三餐溫飽。

其實面相可推測整個民族的趨向——歐美人這數百年生活逐漸富足，人們在物質滿足後，便轉而追求精神上之需要；反之，亞洲各國，這一二百年來，很多地方仍是三餐不繼，餓死者不計其數，故首要是追求物慾上的滿足，而少走向精神領域。

【耳低】

耳低之人崇尚物質，唯利是圖，又這亦可以反映整個民族的趨勢。所以，每當筆者外遊，時有觀察當地人的五官與言行舉止，從而推測那個地方的民族性以及治安是否良好。

其實耳之高低最好在標準範圍內，畢竟太高會曲高和寡，難以體察民間疾苦；太低則只為滿足個人的色慾、物慾和享受，有時甚至不擇手段，為求達到目的，滿足私慾。

貼兜

【耳貼】

耳以緊貼頭骨為佳，顯示遺傳性較佳，吸收能力亦較強，人亦比較容易接受別人的意見，是父母眼中的乖孩子、老師眼中的乖學生，童年生活是不錯的。

【耳兜】

耳愈不緊貼頭骨，愈向外兜則性格愈反叛，但兜至像雷達一樣與頭骨成九十度角者，則有不一樣的看法，後面會再詳述。故耳一是貼，一是極兜，最忌者又不貼，又不是極兜，因這種稍兜的耳形，反叛心較強，較不容易聽取勸導。正所謂忠言逆耳，唯有年長些時靠教育與道德之灌輸，將之導入正軌。

輪廓分明

【輪廓分明】

輪廓分明的耳朵，即使其他部分配合不宜，亦最多是少年較為體弱多病而已，但其遺傳性是好的。而耳最主要影響十四歲前之身體與運程，十四歲以後可參看額形是否有幫助。

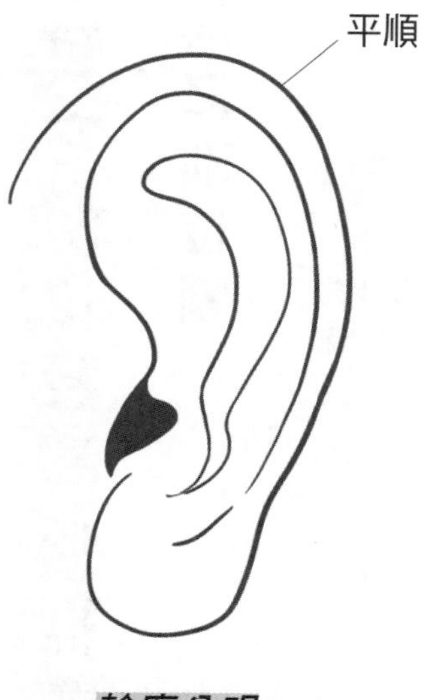

輪廓分明

【輪廓不分明】

輪飛無廓，或似豬耳，或開花，均為輪廓不分明，愈不分明者先天遺傳愈差、體質愈差，這樣對後天影響將會很大。筆者曾有一客人耳形極差，又細又窄，耳輪凹凸不平，原來他患了先天敗血病，故耳形不佳是可以影響一生的。

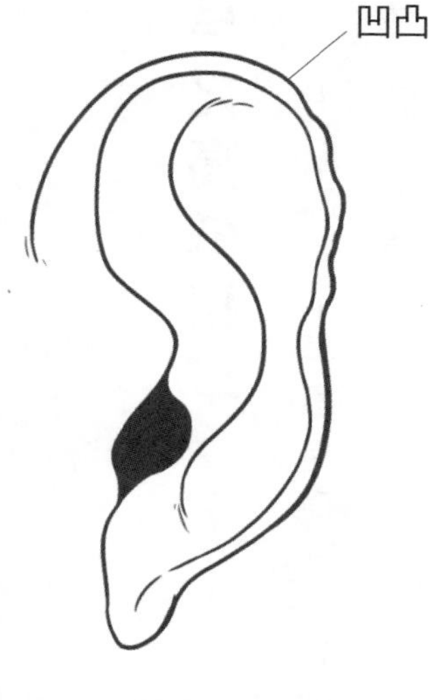

輪廓不分明

耳之部位及高低標準

耳之部位圖

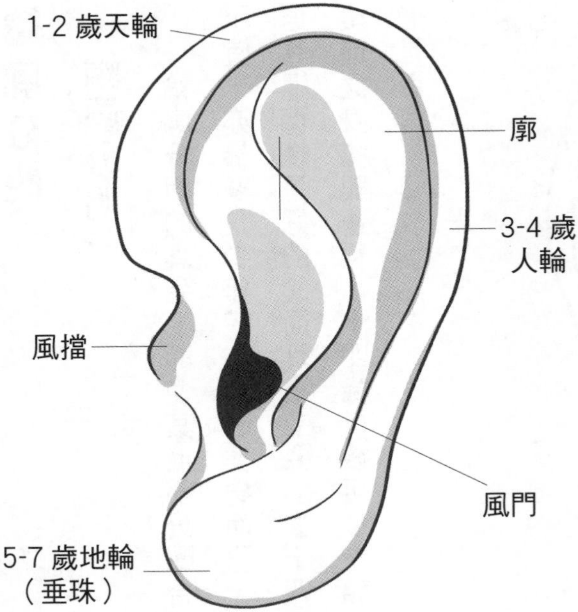

耳之高低標準

上至眉，下至鼻為標準，高於眉為高，低於鼻為低。

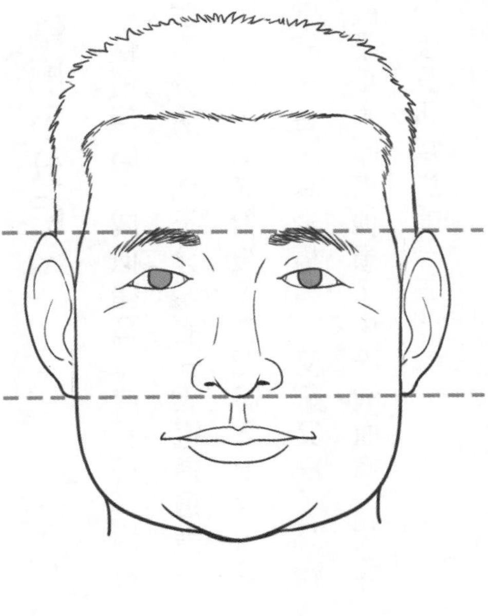

耳的不同部位，在相學上有不同之意義，以下逐一闡釋耳輪、耳廓、耳珠、風門、風擋的代表意義。

耳輪

左耳天輪代表一至兩歲，人輪三至四歲，地輪五、六、七歲，右耳則八至十四歲。如形狀正常，只是耳輪有一點凹或凸，就代表那個年歲會有一點小病，除非有重大缺陷，否則問題不大。

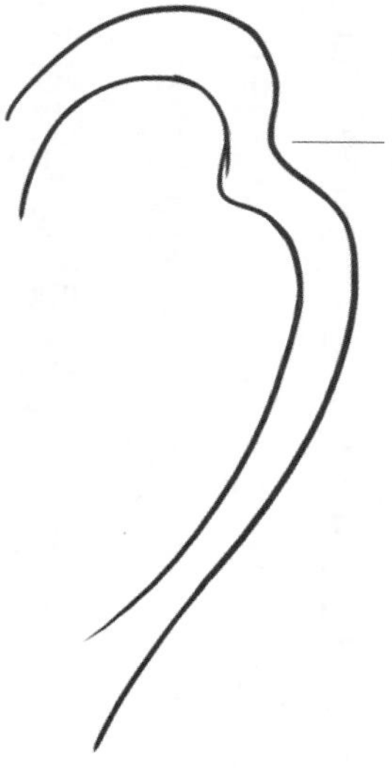

凹，右耳代表十、十一歲有小病

凸，左耳代表二至三歲有小病

【天輪、人輪碰在一起】

缺陷較大，代表那年有大疾病，或父母有小產之象。

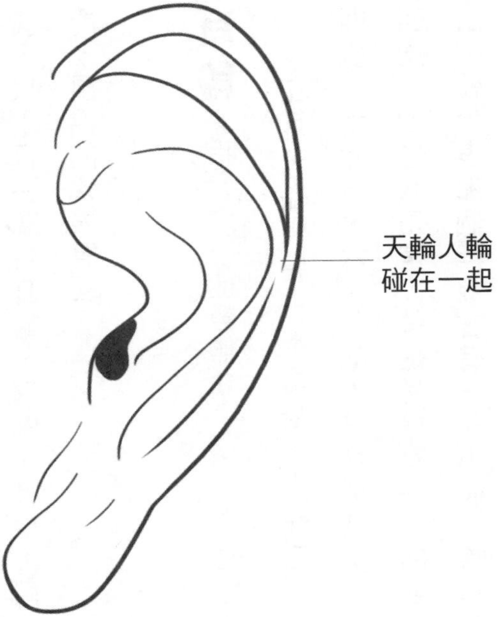

【耳形崩缺嚴重】

耳形崩缺嚴重，代表遺傳性極差，可能懷孕期間父母不和又或遇上驚恐。得此耳相者，體質弱，易有嚴重遺傳性疾病，且心性不佳，唯有靠教育、道德、醫療以及多鍛煉身體，望後天能得救一二。

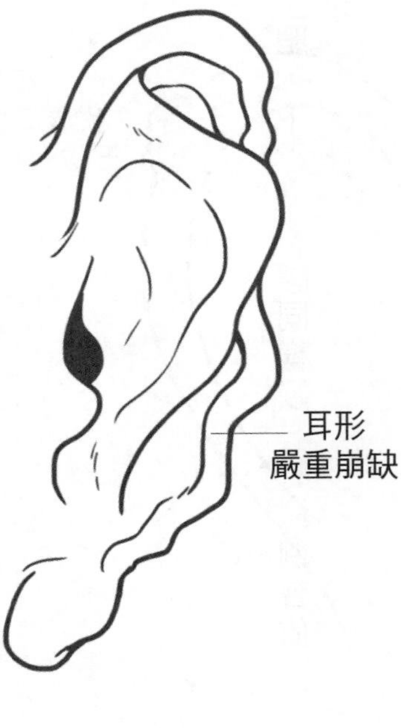

耳廓

耳廓主要看氣色之出處，左耳為過去，右耳為未來，如廓現紅潤、白潤氣色，就代表當前運氣不錯；赤色，勞而少功；烏、暗、黑，徒勞無功。

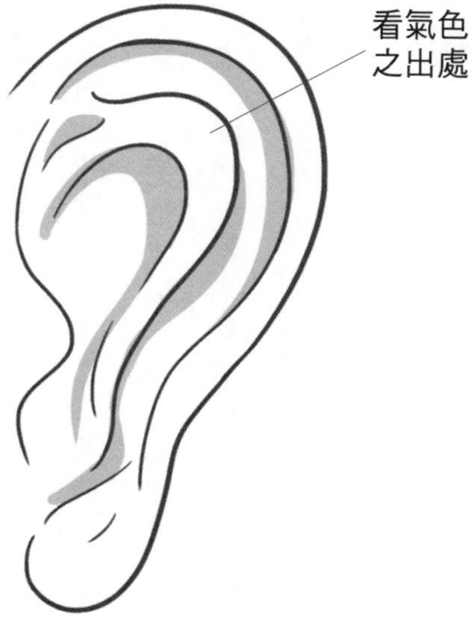

垂珠

垂珠代表六十歲後至老年的福分，垂珠肥厚，即使下巴尖削不朝，晚運亦必然衣祿豐足；又垂珠代表下巴與腰腹，垂珠厚肥，下巴與腰腹同樣圓肥的比例會佔大多數，只有少數屬例外。

風門

風門，即耳孔，耳孔以大為佳，代表能容物，容易接受新知識、新事物，量度也較大。風門小容易故步自封，比較難接受新事物以及別人的勸諫。

風擋

耳前那粒小肉為風擋，一般是一大一小兩粒三角形的形狀（見左頁上圖）。

【風擋大小】

風擋大代表責任心較重，人較守時；風擋細則不大着重時間觀念，人也較隨便。

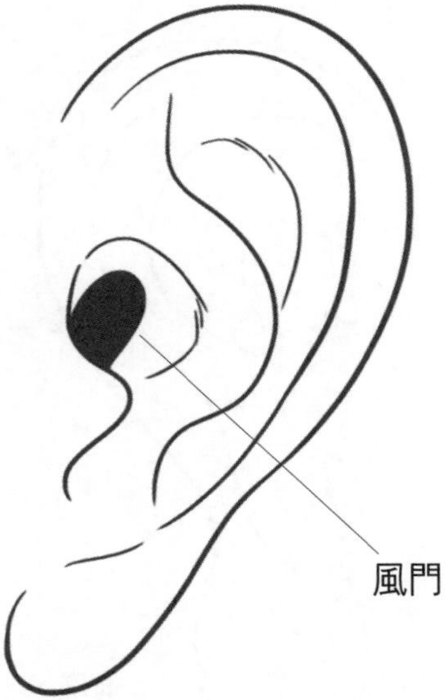

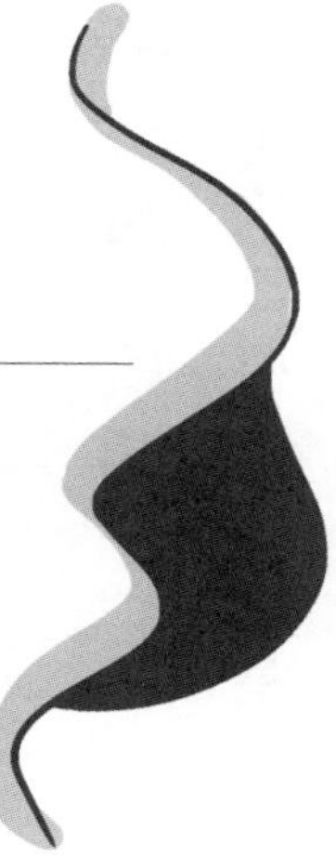

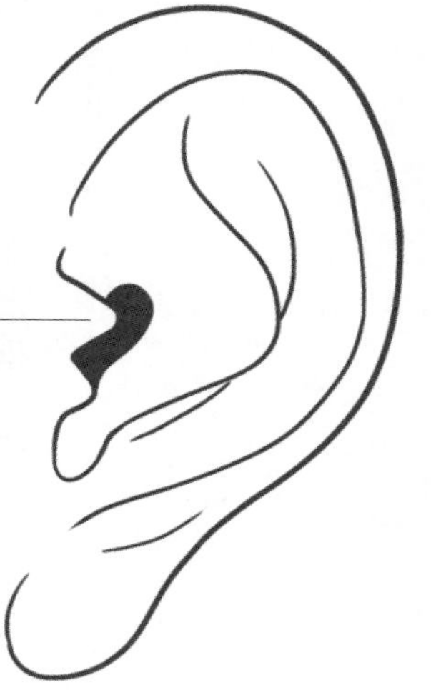

【長形風擋】

雖然不是很常見，但為數也不少。有這種風擋的人，責任心不強，較難委以重任，只適宜做一般性的工作。

【三角形風擋】

大多數人的風擋形狀都是呈三角形的，最常見的是一大一小，大代表責任心較重，較可委以重任；細則時間觀念一般，雖不一定代表一事無成（因還要察看其他部位），但與這種人約會要做足他／她會遲到的心理準備。

三角形風擋

耳型及痣瘻

與面型三分法一樣，耳型大致可分為思想型、運動型與享受型。

耳之上部看思想，長得高闊大者，重思想；中部看動力，故中部弧形大者，動力強；下部耳垂看享受，耳垂愈大其人愈重視物慾之享受。

每一個人都是由這三種形質組成的，只是輕重程度不同而已。

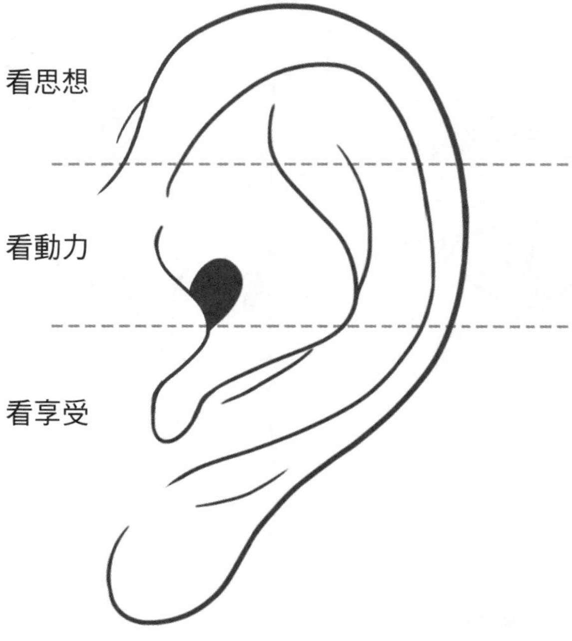

思想型耳

思想型耳一般天輪闊大，雙耳齊眉或略高於眉，人輪開始收窄，地輪尖小，普遍不會出現垂珠。

這種人長於思想，利於從事研究創作等工作，但因地輪窄小，以致比較缺乏實行力，宜與運動型或享受型合作，這樣會比較容易成功。但合作時，思想型與享受型容易互相猜忌——思想型人有時不想把發明公開，但又想賺錢，令善於從商的享受型無從入手，最後合作不成；反過來，享受型與思想型合作時，又會想把思想型所發明的成果據為己有，又或者歸於公

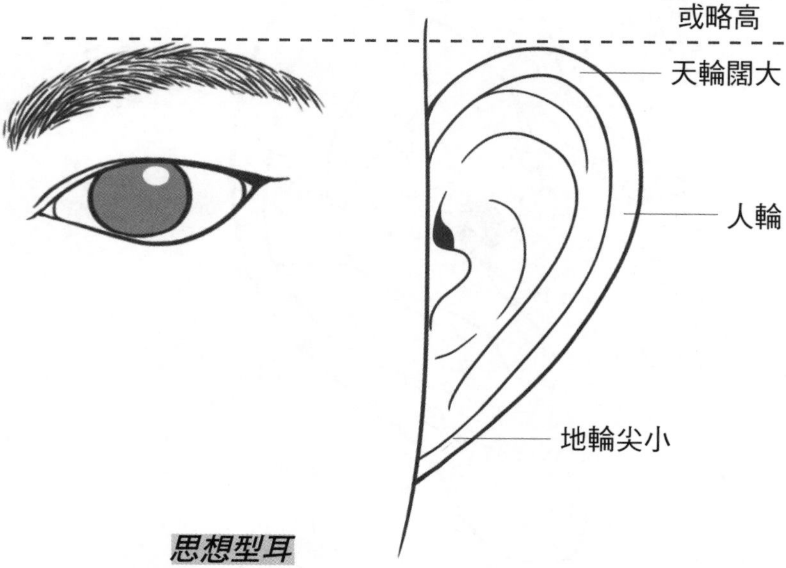

思想型耳

司，從而獲取更大利益，並確保投下的資金得到保障。結果，兩人往往因而談不合攏。所以，思想型除非家庭環境不俗，得到家人支持，又或者是從事藝術創作、寫作或其他不用投下大量資金的項目，才比較容易取得成功。

運動型耳

人輪明顯凸出，耳硬略厚，天輪與地輪明顯較細，為運動型耳，此耳型主體格強健，肌肉壯實，做事有動力、有決心，是一個不畏懼、不退縮的人，且為人實務，是一個較為實事求是的人。不過，耳只是一個開始，後天當然還要配合其面相五官。

質好者，必能成為領導人物或出色

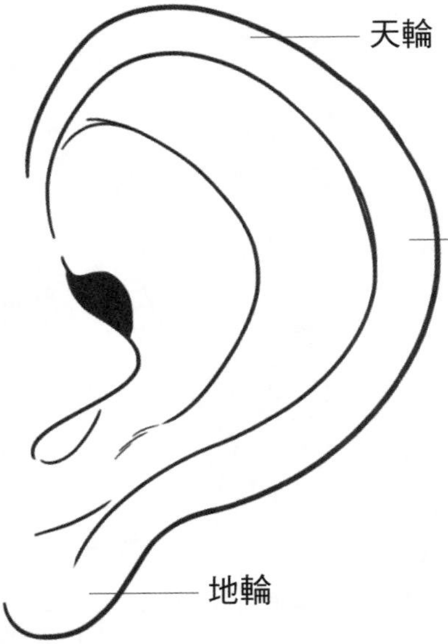

運動型耳

的專業人士；質劣者，或為街頭流氓或用勞力換取金錢的人，又耳之高低對運動型耳起着重要的影響力。耳高者，其人有理想，有公義，對社會有責任感；耳低質劣者，一心為求滿足私慾，難有高深思想，只能在低下階層游走稱霸。

享受型耳

享受型耳的重點是地輪肥厚而大，一般上低於眉，下低於鼻。

得此耳相者，比較注重個人的物慾享受，少有高深思想，但其人重視家庭，能肩負照顧妻兒的責任。由於享受型耳的

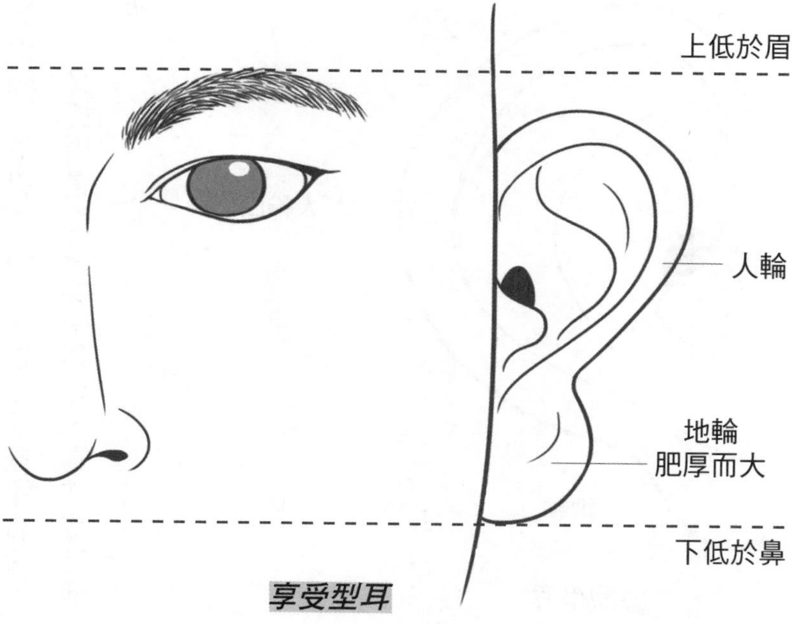

享受型耳

人注重物慾所帶來的快感，所以會花大量時間去追求財富，從而滿足其慾望，故在三種耳型中，以享受型耳漸漸富有的比例為大多數，其次是運動型，最後才是思想型。

其他不同耳形

【兜風耳】

此耳形與頭骨差不多成九十度角生長，好像兩片雷達插在頭側一樣。此耳形的遺傳性不大好，不論出身富貴或貧賤，都是非常反叛，不聽勸導，而且思想喜走偏鋒，不是一個容易理解的人。

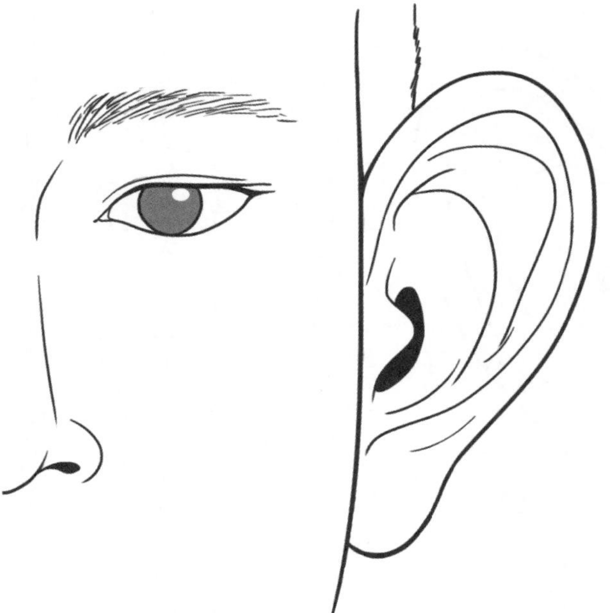

兜風耳

事實上，後天環境以及面形五官，對兜風耳的人非常重要，尤其是出身貧窮的兜風耳。如後天形質配合得宜，能白手興家的為數不少，因兜風耳人的思想與別不同，想人所不想，很多時會因其獨特且與別不同的想法，而令其有出色的表現，繼而財富不斷。

但出身富貴的兜風耳人，因其思想奇特，一生又不愁衣食，故他的奇特想法，很多時候會用於吃喝玩樂，常想玩些新奇玩意，品嘗人間以外的美食，故有謂：「雙耳兜風，敗壞祖宗」。究其原因，是因為出身富貴的兜風耳，其奇特思想無可依歸。

【雞嘴耳】

雞嘴耳地輪尖小而長，長得好像雞的嘴一樣，故名之「雞嘴耳」，其人的性格特徵是事事尋根究柢、愛發問，可以問個不停，故很多「思想型」耳會有雞嘴耳出現，令其人在研究學問時可以喋喋不休，

雞嘴耳

最終成為出色的學者。但雞嘴耳另一個性格特質，是執拗、不認輸，事事堅持己見，即使錯了亦從不認錯，會找一個理由說服自己。所以，雞嘴耳的形狀對其非常重要，如耳形大，天輪高闊，耳色白潤，其人不難成為出色的學者或專業人士；如耳形細小，耳低於眉，顏色暗黑，則遺傳性不佳。如五官好，亦能富貴；五官不好，則只能淪為事事執拗的失敗者。

【貓耳（夜叉耳、鬼耳）】

貓耳者，天輪尖而向上，好像貓的耳朵一樣，又頂部愈尖，其秘密性與破壞性愈強，故有貓耳者不是一個容易猜得透的人；又因其警戒性強，所以不容易交到長久的知心朋友。這種警戒性大多是自小受家庭影響的，因為貓耳的遺傳性不佳，其

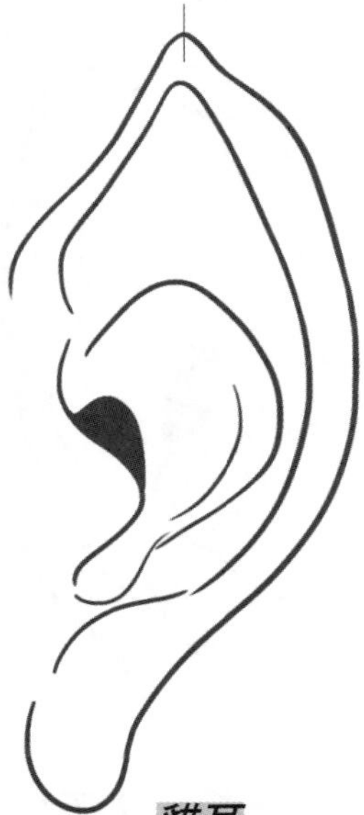

貓耳

父親大多不是出色或正當人物，且容易早年喪父，從小就要過着保護自己的生活，警戒性於是不自知地培養出來。得此相者，唯有靠後天打開心扉，開放自己，真誠待人，才有可能改變其孤獨的命運。

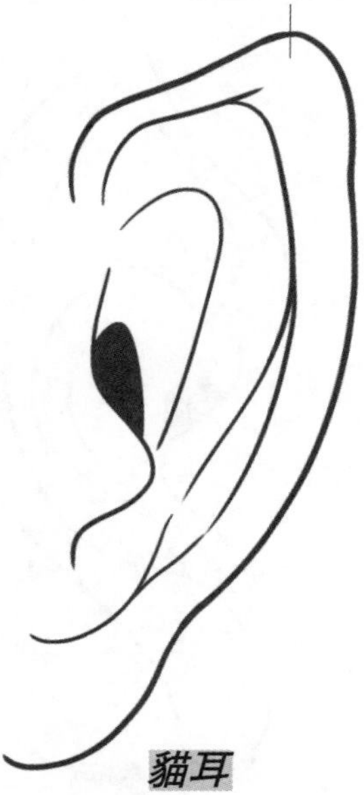

貓耳

【窄長耳】

耳窄而長，一般少年體質不佳，這是因為懷孕時遺傳不良，以致後天體弱多病（見左圖）。這類人會是父母口中的乖孩子，因為不會時常「無時停」，四圍跑，有破壞無建設。窄長耳的小孩體力不足，所以每做一點運動便會覺得疲累而靜了下來，讓父母有乖巧的錯覺。窄長耳其實需要多點運動，內外兼修，望能憑後天努力，強其心志，否則會影響一生成就，因為即使行運也要自己有足夠動力才能完全發揮。

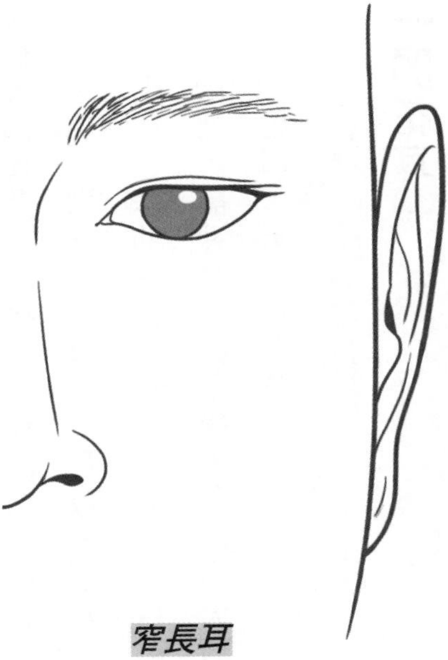

窄長耳

【圓形耳】

耳形呈圓形但貼着頭骨生長的人，有藝術天分，感受聲音的能力高，如從事音樂作曲、指揮等容易有突出表現。

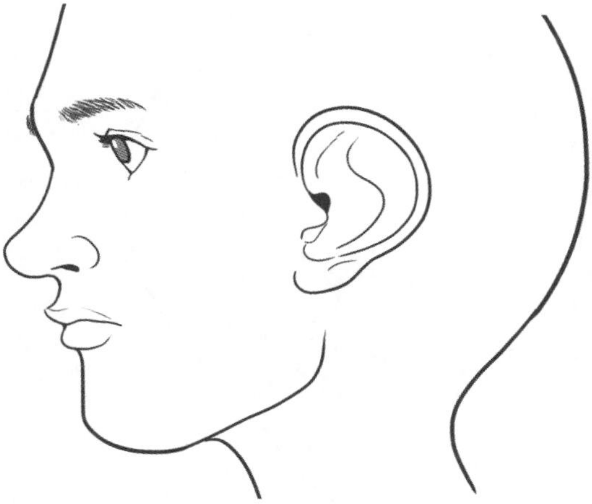

圓形耳

【豬耳】

豬耳的形狀，是薄薄的一片，無輪無廓，好像豬的耳朵一樣。這種耳朵遺傳性極差，父母很大機會是少年懷孕，期間情緒不好，常生怨念，加上孩子出生後環境及栽培不好，以致容易形成自悲的個性，不想別人知道自己的出身，繼而謊話連篇。如果後天不盡最大努力去改善，恐怕一生難有善終。

【開花耳】

耳輪是察看先天體質的部位，不單止影響十四歲前的身體狀況，三十歲前其實也受其影響。開花耳一定是少年體弱多病，父母遺傳不

開花耳

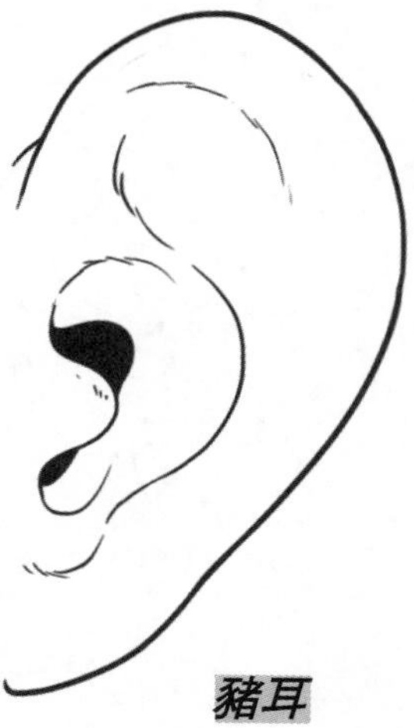

豬耳

佳，唯有靠後天補救，望能在三十歲以後擺脫耳朵因遺傳所帶來的壞影響。

痣癦

痣癦在耳輪主聽敏，耳廓內主壽，耳背主孝，耳珠主財，但這只是一個參考而已。有以上痣癦，只可以在相關範疇加分，不可以隨即斷其結果。以耳輪有痣癦為例，此相主聰明，但其實眼主聰明，所以如眼暗目昏，即使耳輪有癦亦幫助不大。又年紀大了，在耳廓附近位置有時會長很多黑色的細點，代表聽覺開始衰退。另外，耳垂有斜紋，是心臟病的徵兆，左耳是遺傳性，右耳是後天生。

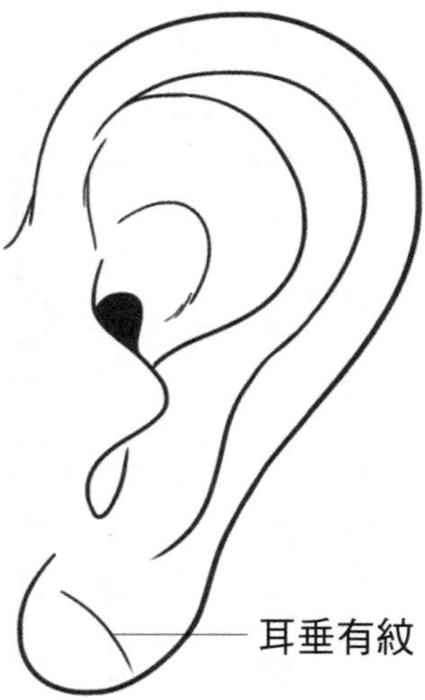

總而言之，耳能察看其人的遺傳是否良好，如遺傳佳，已有基本的成功條件，再配上得宜的五官，必能在社會中出人頭地。然而，若五官不配合，則空有好遺傳亦無所用，只會一生鬱鬱不得志。相反，耳相不好，但五官或面形配合得宜，亦能白手興家，自創一番天地。至於耳形與五官皆配合不佳者，在發達社會尚能衣食周全，如在落後貧窮的社會，便唯恐三餐不繼。所以，耳在整個面相上，佔有很大的比重，因其會影響一個人一生的思維，從而對五官部位產生正面或負面的影響。

古訣論耳

【耳為採聽官捷徑】

耳貫腦而通心。司腎之候也。故腎氣旺則清而聰。腎氣虛則昏而濁。須要色鮮高聳過於眉。輪廓完成。貼肉敦厚。命門寬大者。為採聽官成矣。凡人之耳。不論大小。但要輪廓分明。貼肉而生。坐不見者為上。輪廓分明。內堂闊者聰明。耳向上習上。向下習下。耳雖厚大。向前則為庸俗之人。左右垂珠者聰明富貴。若長者壽。無輪者少男。長毫者壽。輪廓反者下賤。有骨者貴。無肉軟薄者貧夭。長厚而軟者。富而不壽。小者愚昧。小而弦生珠者。主厄有剋。狹者水厄。肉輪反缺而掀露者辛勤。重拜過房。不露者清閒。朝於太陰太陽者。主富。耳高於羅計者貴。生日月下而無輪廓者貧賤。與日月齊者富。有天輪無地輪者成敗。乾枯者防疾。耳上尖者性剛。耳堂深闊者智多。耳生花者。賤而成敗。耳垂珠而筋下尖者貧賤。耳輪枯有疾。內有疤缺。中年官司破財膽小。大富者耳珠厚貼肉。中富者耳上大下小。輪廓分明。主壽。破菰耳者過房。木杓耳者貧薄。無輪廓為鼠耳。主貧寒孤夭。光潤紅青者有財。紫色者凶。白紅者有財。黃氣兼重黑者主死。耳邊近顴骨下有紅色者有財。耳後或耳前青筋穿過顴骨。及魚尾有羊刃眼者。在路死。耳白莖亦白。耳弦反者名反拗殺。毛逆者名悖逆。一耳厚而堅聳又長者。壽相也。輪廓分明者聰悟。垂珠朝口者財壽。耳內毫立者壽。主聰明。耳門闊者主智遠。紅潤者主官。白主名望。赤黑者貧賤。長而卑者祿位。厚而圓者衣食。大抵貴人有貴眼。而無貴耳。賤人有貴耳。而無貴眼。善相者先相其色。後相其形可也。

黑子生在耳輪上者主聰明。痣生耳內者壽長。生垂珠上者主有財。生耳前命門者主災厄。耳弦有痣主獨腎。耳門有痣主痔疾。耳內有紫痣主忤逆。耳後痣亦然。輪弦有痣或青黑色。主中年犯姦。耳內有黑痣。主生貴子。耳中生一珠一子。二珠五子。兩耳同。其珠如綠豆大圓者應。如粟大圓者次應。

氣色瑩白紅潤者貴而吉。黃者病。青黑燥者腎衰。忽輪上紅色如炎火者。七日主口舌破財。又云。白色起眉間及耳者。必有外服。萬金相云。左耳缺。先損父。右耳缺。先損母。左右廢缺。雙親俱亡。

訣曰。耳如提起。名播人耳。兩耳垂肩。貴不可言。耳聳相朝。富貴官高。耳薄無輪。祖業難存。耳白過面。名滿天下。棋子之耳。成家立計。耳有垂珠。衣食有餘。耳門廣闊。聰明豁達。耳有成骨。壽命不促。耳高於目。食受師祿。高眉一寸。永不貧困。耳高輪廓。亦主安樂。耳有刀環。五品官高。耳門垂厚。富貴長久。耳有毫毛。富貴壽高。為人安樂。災難不遭。耳門寬大。富壽久耐。光明潤澤。財源不絕。耳堅如木。到老不哭。兩耳朝口。衣祿不少。輪廓相成。有利有名。耳薄如紙。夭死無疑。耳薄向前。賣盡田園。兩耳張風。賣田祖宗。反而偏側。居無屋宅。耳反無輪。祖業如塵。輪廓桃紅。性最玲瓏。耳薄無根。必夭天年。塵粗黑焦。貧薄愚魯。耳黑飛花。離祖破家。耳下骨圓。剩有餘錢。耳門窄小。命短食少。耳竅容針。家無一金。耳門如墨。二十之客。兩耳貼肉。富貴自足。耳高眉一寸。永不受貧困。耳能齊日角。曾服不死藥。對面不見耳。問是誰家子。

賦曰。耳之為採聽兮。金星右而木星左。長大垂肩兮。必貴極而危坐。輪廓分明兮。必富壽而云胷。耳孔大而白過面兮。朝野知名非小可。耳貼肉而聳於眉兮。莫教眉頭兩交鎖。長厚而堅兮行為果。薄小而黑兮事坎坷。耳輪骨起兮。壽命安妥。薄無城廓兮。心性不叵。疤缺似花兮。奸詐大而身當罹禍。垂珠朝海兮。晚景高而終多笑瑳。

【耳說】

夫耳根於腎。為心之門戶。為身之牖也。在母腹擎拳掩耳。成形極後。所以世之呼遠孫者為耳孫。故孔必欲圓大而深。智慧人也。耳必欲長大肥厚。喜白而貼。有城有廓。富貴壽考人也。孔若小。骨若曲。耳若薄小短缺。黃黑枯槁。短命識淺鄙薄人也。最宜睛聓（音精砌云耳聰善聽也）。不可聮聮（音斟。牛馬動耳貌）。婦人左耳厚。先生男。右耳厚。先生女。耳一大一小。會食二母之乳。不然。異母兄弟耳。欲城臨廓。不可廓臨城。

【相耳】

耳生貫腦而通心胸。為心之司。腎之候也。故腎氣旺。則清而聰。腎氣虛。則昏而濁。所以聲譽與性行也。厚而堅。聳而長。皆壽相也。輪廓分明聰悟。垂珠朝口者。主財壽。貼肉者富足。耳內生毛者壽。耳有黑子生貴子。主聰明。耳門闊。主智遠大。紅潤主官。白主名望。赤黑貧賤。耳薄向前。賣盡田園。反而偏側。居無屋宅。左右大小。迍否妨害。光明潤澤。聲名遠播。塵粗焦黑。貧薄愚魯。其豎如木。到老不哭。長而聳者。祿位。厚而圓者。衣食。

訣曰。耳如提起。名播人耳。兩耳垂肩。貴不可言。耳白於面。名滿天下。棋子之耳。成家立計。耳黑飛花。離祖破家。耳薄如紙。夭死無疑。輪廓桃紅。性最玲瓏。兩耳如紙。貧窮無倚。耳如鼠耳。貧賤早死。耳反無輪。祖業如塵。耳有垂珠。衣食自足。耳薄無根。必夭天年。耳門廣闊。聰明豁達。耳有城廓。壽命不促。耳下骨圓。末有餘錢。

【許負相耳篇】

耳高於目。合受他祿（作為人師也）。如高眉一寸。永不踐貧困。耳高輪廓。亦主安樂。耳有刀環。五品高官。耳門垂厚。富貴長久。耳門容筋。家貧易去。耳有毫毛。長壽富貴。兼沒災殃。目能自覩者吉。耳如獸耳。自安自止。耳門寬大。聰明財足。耳門薄小。命短食少。耳白於面。名滿赤縣。輪廓分明有墜珠。一生仁義最相宜。木星得地招文學。自有聲名達帝都。

耳反無輪最不堪。又如箭羽少資糧。命門窄小人無壽。青黑皮粗走異鄉。耳生貼肉廓輪成。紅反盡屬富而榮。露光薄乾貧苦相。毛長出耳壽千春。耳白過面少高名。前看不見富貴榮。前看見耳多貧苦。耳前生靨近聾貧。

下有垂珠肉色光。更來朝口富榮昌。

上尖狼耳心多殺。下尖無色亦無良。

【一 耳之關係】

一歲至十四行耳運（男先左。女先右。各七年）。論者每曰貴不在耳。孩運無憑。不知貴不在耳。乃由目有真光。豈知目有真光。鼻仰口掀。諸部不稱。皆在不忌。並不獨不忌耳反缺也。況耳本祿星。是金馬玉堂之位。論其勢則高於眉者少顯。然兩顴者壯達。珠朝口者老榮。論其色。則老枯必死。少枯大敗。壯枯無運。且面明耳暗。是為散色。誰謂無足憑哉。白必享名。紅必發官。少紅發達早。老白子孫貴。郭林宗曰皮粗。皮乾色青色黑。則一生飄蓬無定基。柳莊云。命門不開。終身貧寒。又云。為官但得印堂。驛馬。耳門明。便可高遷（命門闊。量大聰明。窄量小器狹。且愚而多夭。否亦家貧）。誰謂耳無足憑哉。

【二 耳之格局】

高主貴（耳齊日角大貴。高眉一寸。永不貧困。蓋耳為君。眉為臣。君當居上。高無不發。低則名偏堂降地。必破祖業）。厚而貼肉主富。堅硬有骨主壽。不可薄。薄則貧（薄而張風。敗祖飄蓬。薄而無根。不得長生）。不可尖。尖則凶（上尖多殺。下尖多刑。尖小必孤。箭羽晚敗）。不可缺。缺則刑（左損父。右損母。俱缺。離祖刑親）。輪廓最關重要。無輪則孤（若又薄。則孤夭）。開花則窮（終敗）。反則破敗。輪飛無廓。剋父母。天有（有廓）地無（無廓）。多成敗。豬耳非不厚也。無輪廓便無善終。驢耳非不厚長且貼肉也。輪反薄。便成奔馳。珠亦不可忽。長則壽。長而厚則富。紅則官高。朝（朝口）則老榮。

【論額】

額之形態

額的代表年歲為十五至三十歲，這是一生人中最重要的知識吸收期，日後的好、壞、得、失、賢、愚，都會直接或間接受到這個時期的影響。但人一出生已經受到某一種型格的限制，故最重要是能取長補短，在個人限度下發揮盡致。額的基本條件是要夠高、夠闊、夠飽滿，氣色要明潤，無紋侵痣破。

額高

額高者一般分析能力較強，尤其額之左右角最為重要，如夠高的話大多善於推演每件事情的進展，人也比較客觀，容易採納多方意見而加以分析。

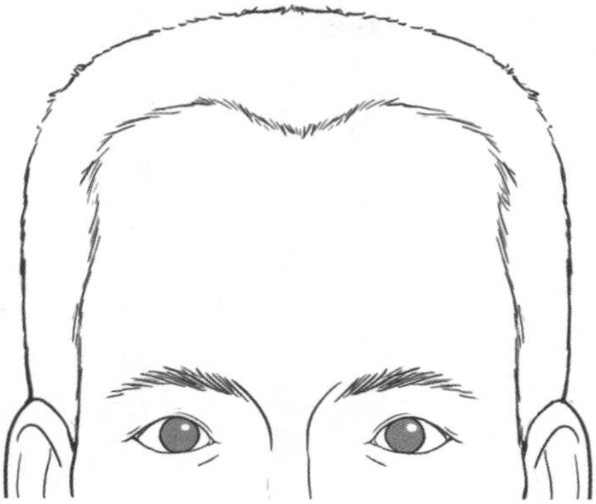

額高

額低

分析能力較弱，人亦較固執，容易堅持己見，從而斷絕自己進步之門，只活在自己有限的思想智慧之中。

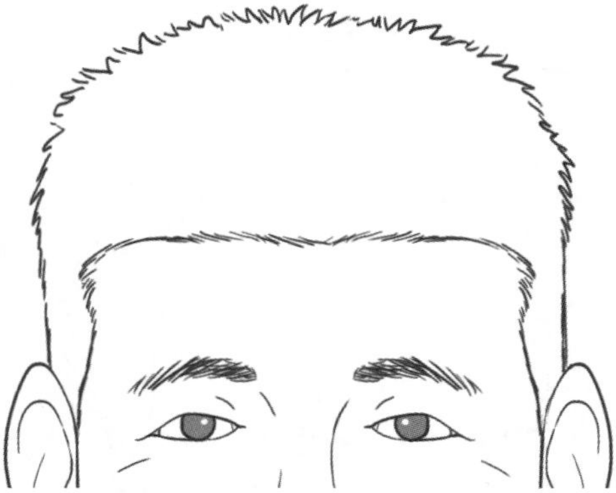

額低

額闊

額闊，一般主出身富裕或少年運佳，亦有利求學，所以得此相者，學業成績一般都不錯；如果又高又闊，則容易外出求學，一生亦常有外出機會，是一個比較容易適應環境的人。

額窄

一般少年運差，讀書運平平，到外地升學的話，成績有望好一點。其實，少年經歷逆境不失為一種好的磨練，日後再遇順境時，步伐自然穩固得多。

至於額又低又窄者，則智力不足，體力一般，且少年運不佳。受到這麼多不良因素

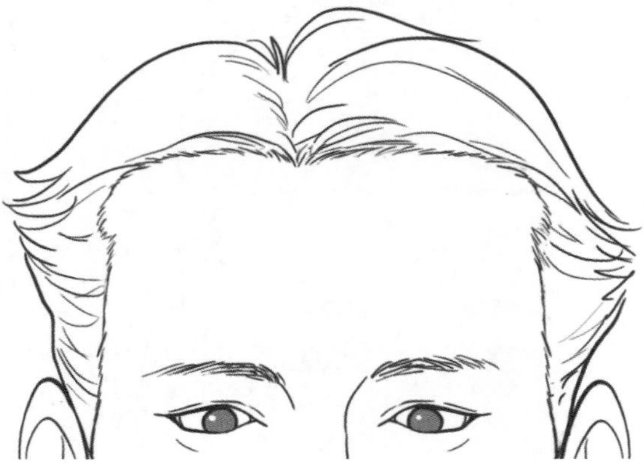

額闊

的影響，其人心裏難免會留下陰影，以致即使青年、中年以後憑着努力加上運氣，獲得一定成就，回饋社會的機會亦會較低。

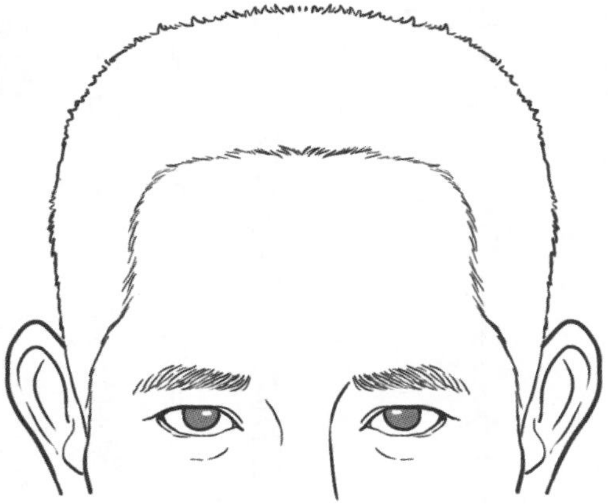

額窄

飽滿額

額飽滿者一般記性較佳，少年運亦不差，如加上又高又闊則極有可能生於富貴之家，又或者自己三十歲前已經是一個事業發展得有聲有色的人。

額飽滿

凹陷額

額頭凹陷者，一般少年運不濟，即使又高又闊，可能只代表出身不錯而已，自己難言成就。

但有一種特別的相格是額凹陷，但眉骨異常凸出，這種人一般少年運佳，三十歲前已經發展得非常出色，惟走到眉運，即三十一至三十四歲時，運程卻突然逆轉，跌了下來，令命主要再從頭做起。

紋侵痣破

即使額形高闊飽滿，紋痣缺陷亦會對部位造成破壞，又破壞程度的大小會因位置的重要性，以及缺陷的大小而有所不同。後面會詳述之（見第157頁）。

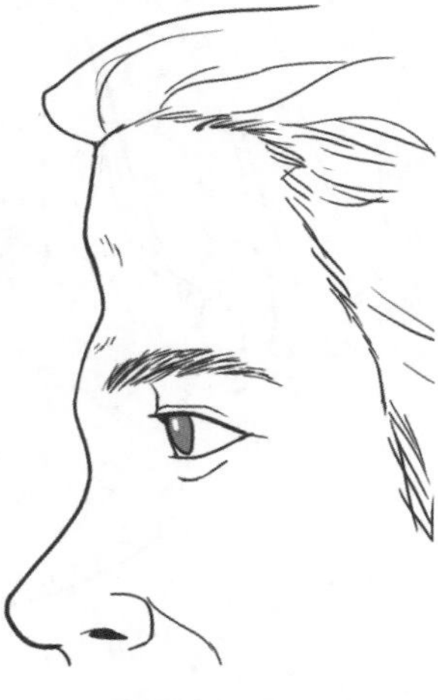

額頭凹陷

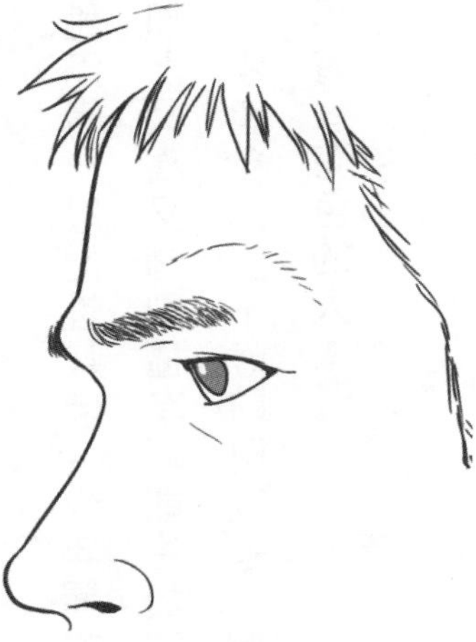

額頭凹陷，
但眉骨異常凸出

額之部位與流年吉凶

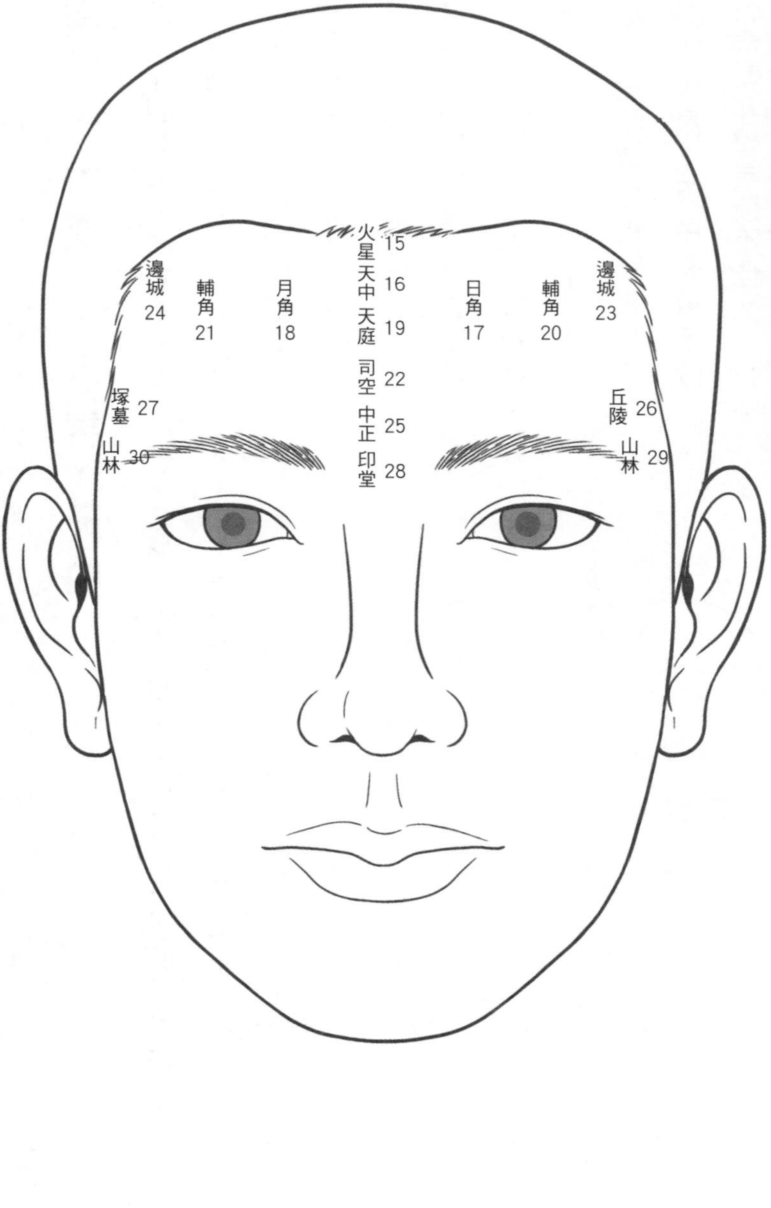
火星 15
天中 16
天庭 19
司空 22
中正 25
印堂 28
邊城 24
輔角 21
月角 18
日角 17
輔角 20
邊城 23
塚墓 27
丘陵 26
山林 30
山林 29

十五歲、十六歲——火星、天中

火星位在頭髮內，而天中則露於頭髮之外，除非額頭特別高或特別低，這兩個部位才會完全外露或者被遮蓋。如果時值少年，火星已經外露，便顯示髮腳生得較高，命主一般少年運較佳；相反，髮腳低的話，則少年運差，學業運不理想，且會影響到十九歲的流年運程。至於十九歲以後的學業運，可參看額的闊窄——闊的話，十九歲以後還有學業運；窄的話，可能十九歲前已經輟學，開始要出來社會打天下。另外，火星、天中有紋痣缺陷，亦代表當年學業運不佳。

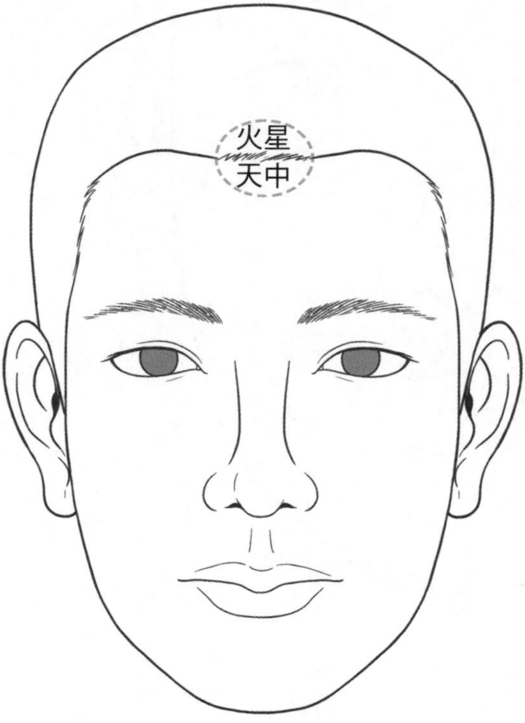

十七歲、十八歲——日角、月角

額頭左面凸出的部位為日角，右面為月角，又日角為父，月角為母。如飽滿或微微凸出，代表自身與父母緣分佳，雙親的健康狀況良好；塌陷或過分凸出，或見紋痣缺陷，皆主父母緣差，而健康狀況亦不甚理想。但很多人只是一邊凹凸或有紋痣侵破，如缺陷在左面代表與父無緣或父體質較差，而右邊則代表母親。

又日月角飽滿、氣色明潤，亦代表十七、十八歲這兩年運程通順，能得長輩扶助。

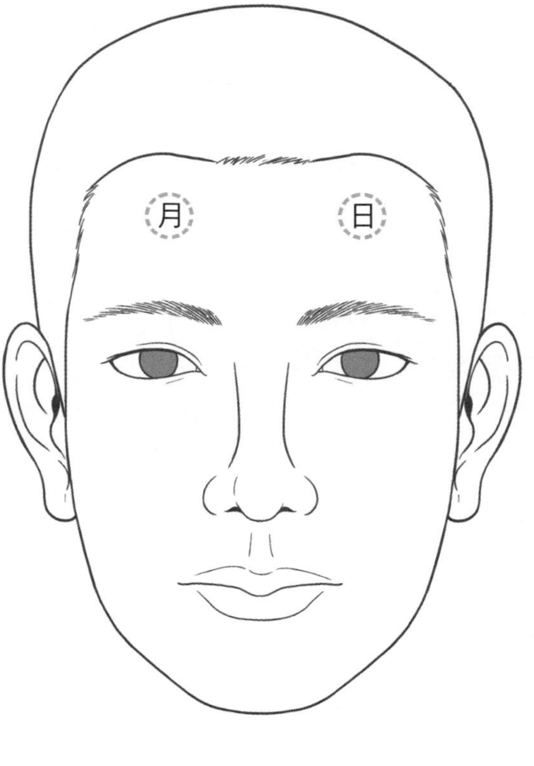

十九歲——天庭

這部位是察看一生有否長輩貴人扶助之處，如天庭飽滿，氣色潤澤，無紋侵痣破，便代表一生能得長輩提攜，早登雲路。

如天庭陷而不飽脹，或有紋痣缺陷，則一生難得貴人扶助，而少年期間亦要靠自己加倍努力，才能取得一定成績。

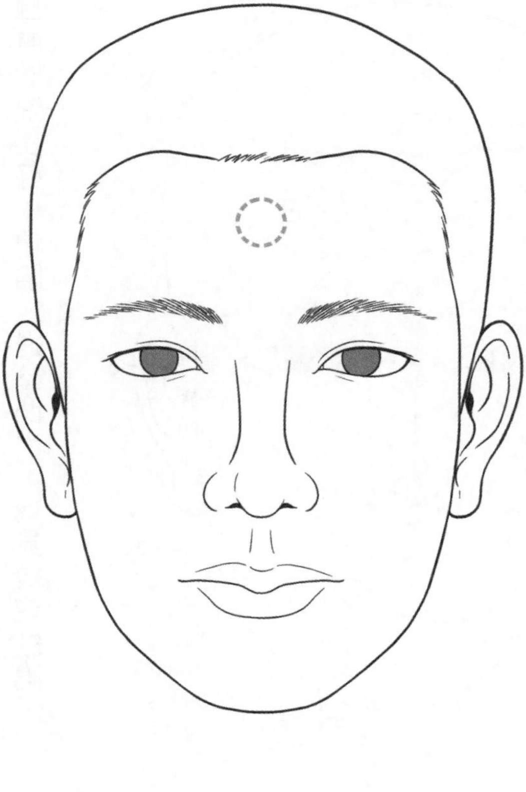

二十歲、二十一歲——左右輔角

左右輔角，最要開闊飽滿，氣色明潤，無紋痣缺陷，這樣即使天庭、日月角部位不佳，亦能在少年時期闖出一番好成績；又左右輔角在邊城、驛馬之處，部位佳者代表有利異地發展，在異地容易得到貴人扶助。

然而，若左右輔角狹窄，或見紋痣缺陷，則代表不宜往外國求學或發展，尤以在三十歲前為甚。

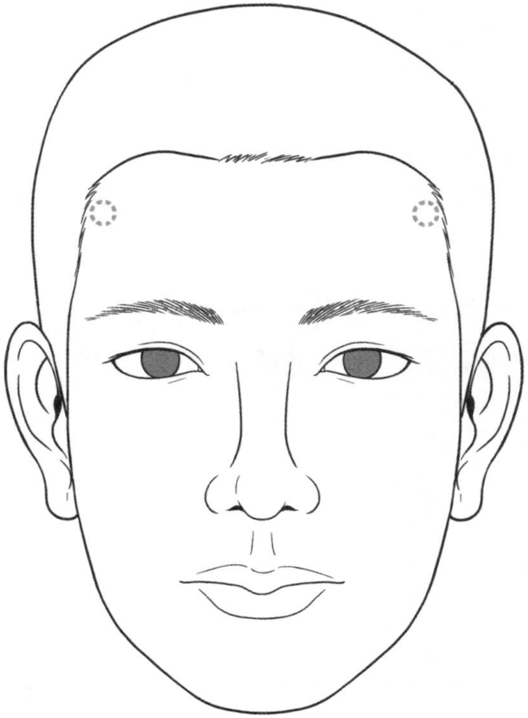

二十二歲——司空

司空與中正合稱「官祿宮」，整個部位飽滿且無紋侵痣破，代表容易升遷，最適宜於官場或大機構發展；如單單只在司空飽滿而中正凹陷或不飽脹，則代表二十二歲時不論事業或學習上都容易有突破，但就不宜在官場或大機構發展，最宜自己創業或自己不停提升自己，這樣比在大機構等升遷快很多，更容易達到自己的理想。

如司空不飽脹、低陷，或有紋侵痣破，就難望在二十二歲有突出表現，唯有忍耐，靜待時機。

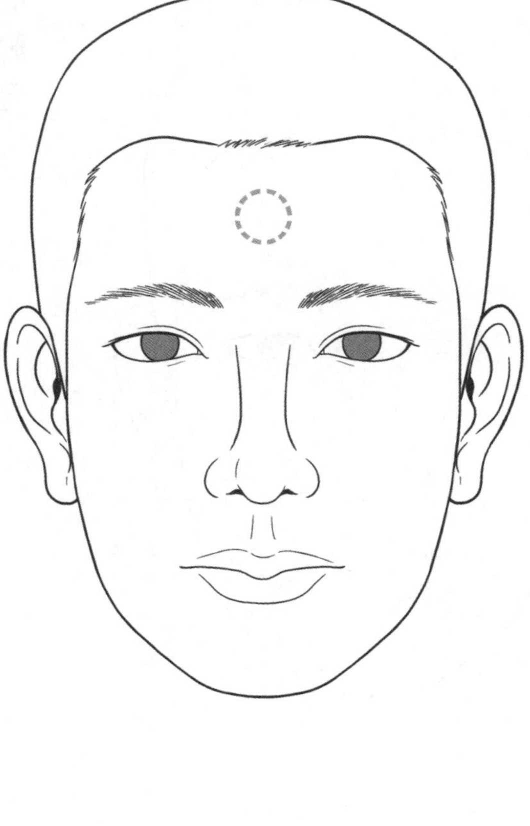

二十三歲、二十四歲——左右邊城

左右邊城位在驛馬之地。如邊城開闊而明潤，代表外出順利，不論旅遊公幹，遇上險阻的機會較小，移居他方亦容易遇上貴人扶助；邊城狹窄，代表其人不太喜歡外出，如父母將之送去外地留學，或被公司派往外地工作，或會因難於適應而顯得困難重重，做不出成績來。

所以，如見到子女邊城狹窄，切記不要勉強讓他外出留學，筆者曾見過埋怨父母讓他獨自在外地生活而留下一生陰影的人。至於老闆在挑選職員往外地公幹時，亦宜察看一下下屬的邊城、驛馬位是否開闊。

邊城有痣代表外出常有阻力，而暗瘡就代表行程受阻，或許要作出更改調動。

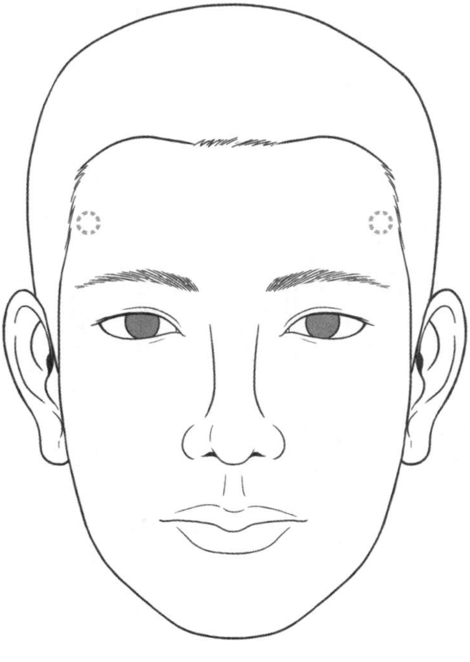

二十五歲——中正

中正位在印堂之上、司空之下，與司空合稱為「官祿宮」。如這部位飽滿，代表三十歲前容易升遷，最宜從事官職或受僱於大機構，而從事專業亦能獲得很好的名聲。總之官祿宮飽脹者，三十歲前一定事業暢通，不管從事何種行業都容易有出色的表現。

如官祿宮凹陷，代表異路功名，最不適宜於大機構工作，因必然難得上司眷顧，升遷無望；反而從商或自僱，可因其他部位之助，自己闖出一條生路來，又中正凹陷的人，大多會從事與讀書時不相關的工作。

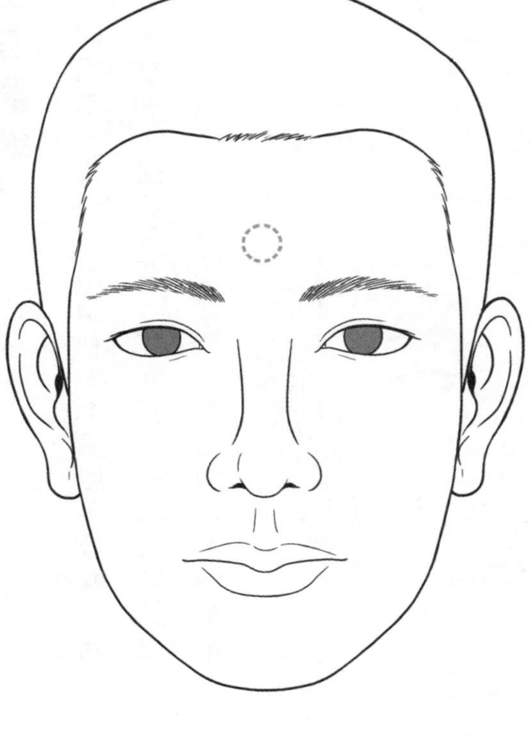

另外，中正凹陷或有一條凹坑，代表足齡二十四，虛齡二十五歲那一年很可能出現感情變化——容易來一段感情，走一段感情，結婚或分手，然而以分手的機會最大；又此處有紋侵痣破者，看法亦同。

二十六歲、二十七歲——丘陵、塚墓

丘陵、塚墓除了能察看二十六、二十七歲的運氣好壞之外，亦是察看祖墳風水吉凶之處。如這兩個部位開闊，氣色潤澤，部位飽脹，代表祖上風水佳，能庇蔭後人；如部位瘦陷、窄小、氣色暗青，代表祖墳不佳，難以蔭庇後人。

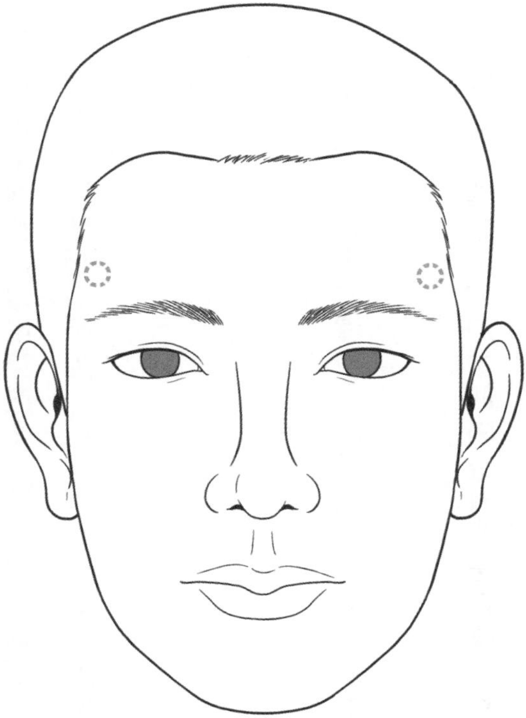

丘陵、塚墓與眉的距離愈窄，少年享受愈差；愈闊則零用錢愈多。另外，此兩部位愈尖者，當年運氣愈差；反之，如丘陵、塚墓與眉距離闊而不尖，則二十六、二十七兩年運程會相對順利。

二十八歲——印堂

印堂，又稱「命宮」，為願望之宮，一生願望是否容易達成，印堂佔着非常重要的位置。

如果印堂開闊、飽滿、明潤，則一生願望容易達成；如印堂凹陷或有紋侵痣破，雙眉侵印，則一生願望較難達成，即使其他部位配合得宜，亦要加倍努力才有機會願望成真。

印堂開闊平滿，代表個性較為樂觀，遇到困難與逆境時，會懂得開解自己，這樣對解決困難起到積極正面的作用。又印堂開闊的人，比較容易適應新環境、接受新事物，相對適宜從事要接觸群眾的外向性工作。

印堂凹陷或有紋侵痣破，代表其人性格執著，遇到困難時只會往腦子裏鑽，且會把工作上遇到的困難帶回家，不太懂得將生活與工作分開來，這不單影響自己，亦容易影響家人關係。事實上，這種人最適合從事不常與陌生人接觸的案頭工作，否則會事倍功半。

另外，這種人如果打算移民亦要三思，因為其執著的性格並不容易適應陌生環境，故在移民前最好往那處小住一下，看看是否適合自己才行動，否則他日後悔的話，不免浪費時間與金錢。

印堂開闊是好的，但過分開闊則代表其人生活無條理，家裏一般會較為混亂，除非有傭人幫忙收拾，否則衫褲鞋襪可能堆積如山，永不整理；又印堂過分開闊者，對兩性關係會採取較為開放的態度。

【懸針破印】

懸針破印即印堂上有一條深刻垂直的紋直穿過印堂，是一個刑剋的記號，代表與父無緣，早年運程蹭蹬，成家創業皆遲，做任何事都較一般人困難。

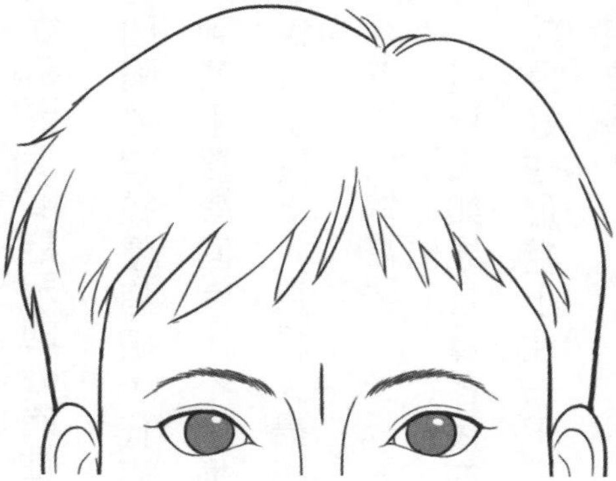

懸針破印

【抑鬱紋】

左右眉頭在說話時常下意識緊皺，形成兩條直的暗紋，是抑鬱症的先兆。如有朋友在跟你說話時有此下意識動作，便要好好提醒對方，以免情況日趨嚴重。

抑鬱紋

二十九歲、三十歲——左右山林

左右山林為四大倉庫之二，又稱為「三十前的財帛宮」。如左右太陽穴飽滿，代表其人善於積蓄，精打細算，古代說是容易致富之相；但在現代社會，以靠積蓄而致富者實鮮有聽聞，故現代太陽穴飽滿最多主不愁衣食，能致富與否還要兼看其他部位。

又太陽穴過分飽滿的人，難免流於吝嗇，是一個守財奴；即使富有，亦不會捨得把錢花掉，因儲蓄已成了他的樂趣，不需要其他物慾來填補。

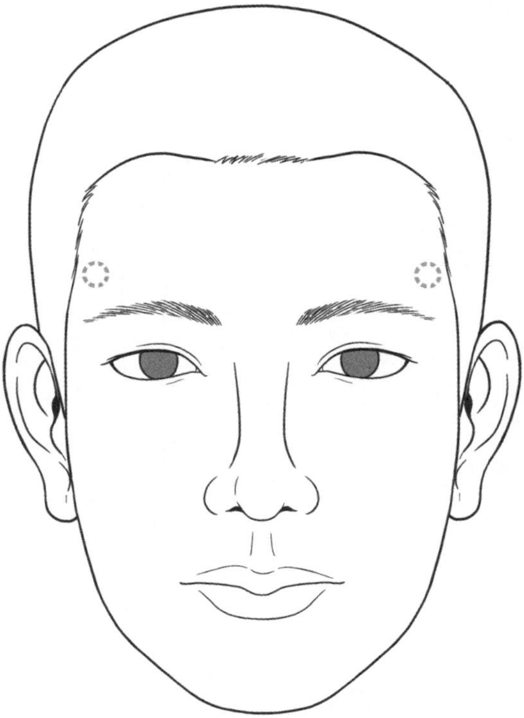

額形及額紋

額形

【方額】

方額的人，一般出身富裕家庭，很多富二代都是方額的，他們較為實際，是有為之士，着重實質行動，不會流於空想；又這類人對結構性組合的物件尤其富有天分，不難成為一個出色的領導人物。

女性有方額亦代表其人較為實際，頭腦清晰，不難比丈夫更為出色。

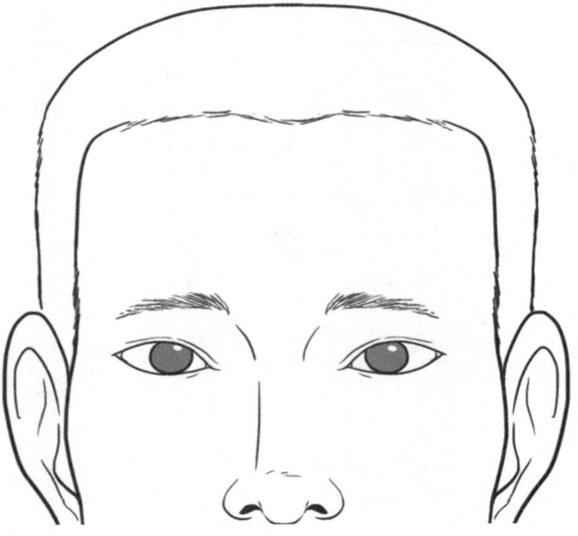

方額

【圓額】

男性有圓額是富貴的象徵，且為人有藝術才華，雖不一定從事藝術工作，但對藝術與漂亮的事物總帶着一份執著。

反之，女性圓額卻不是一個好的象徵，雖然圓額女性在工作上一般會較為出色，尤其是從事藝術方面的行業，每每容易獨當一面，但她們在感情上卻較難圓滿，以致離異的機會較大；又此額主難享夫福，即使結婚時丈夫是富裕的，但最終亦會財散人離。

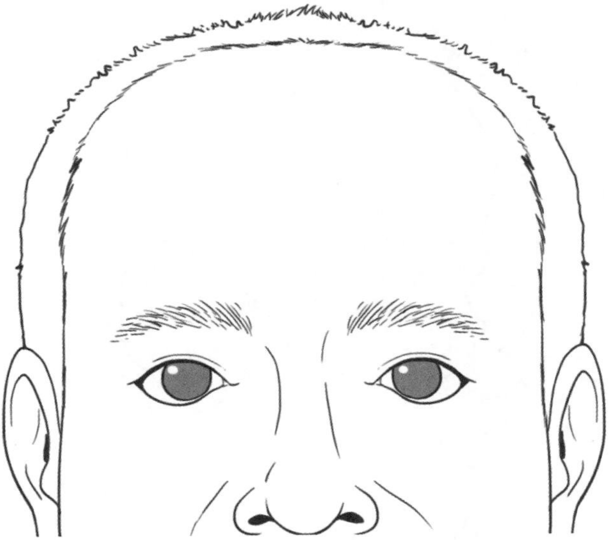

圓額

【凸額】

這種人思想緩慢，每想一件事總會比常人多花一段很長的時間才能下決定，故不是一個容易成功的人，因為想得詳細與想得正確並不是對等的。但凸額的好處是記性好，即使很久很久以前的一些小事，都會牢牢記住，所以凸額的女性之記憶力遠超於男性。

又凸額的人容易流於空想，做事不太實際，這亦間接減低了其成功機會。

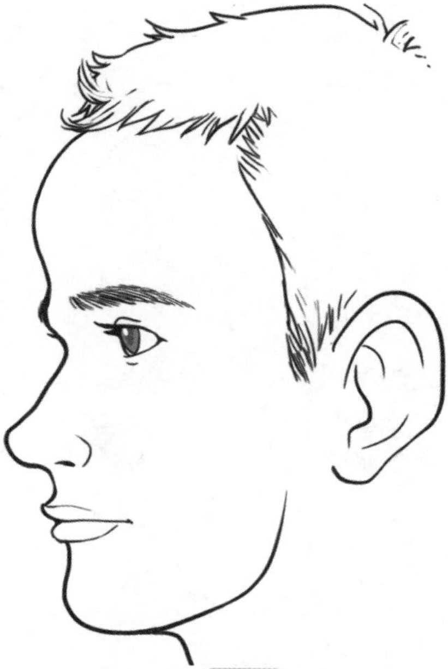

凸額

【斜額】

額斜者，思想迅速，又很多男性的額都是向上傾斜的。不過，想得快不一定有用，要行動配合才容易成功。不少額斜的人下巴都會較為往前兜，而下巴兜代表行動慢，又一般人都是先想而後慢慢行動，所以這是正常的。

斜額

【寬闊額】

額寬闊且太陽穴飽滿者，髮線與眉尾的距離往往特別闊。由於耳上之太陽穴代表理財性，所以這種人善於理財，少年必享大成。如前額不夠高，則此人只着重個人的物慾享受而少理社會公義，不免寬以待己，嚴以待人。

寬闊額

【低額】

一般額低窄者，為人固執，較難接受別人的意見，做事總是一意孤行，堅持己見，又額低必然早踏社會，女性亦不利婚嫁，容易早婚早離，只有嫁不正常姻緣或極為晚婚，才有可能避免離異。

正常姻緣是指丈夫大自己一年以上，九年以下，一般夫妻的歲數差距大多數在這個範圍；至於不正常姻緣，是指丈夫與自己同年或比自己年少，謂之「少夫」，而大九年以上的，名曰「老夫」，又異地姻緣或配偶曾結婚者，都屬於不正常姻緣。

額低

【低窄額】

額低，主少年學習運不佳；額窄，主體力不佳，如額又低又窄，其人的體力與智力或會在常人之下，唯有靠後天鍛煉，強健體魄。

如眉眼及以下部位優良，中年以後亦可發富；如眉眼以下長得一般，則宜從事穩定性工作，免受貧困之苦。

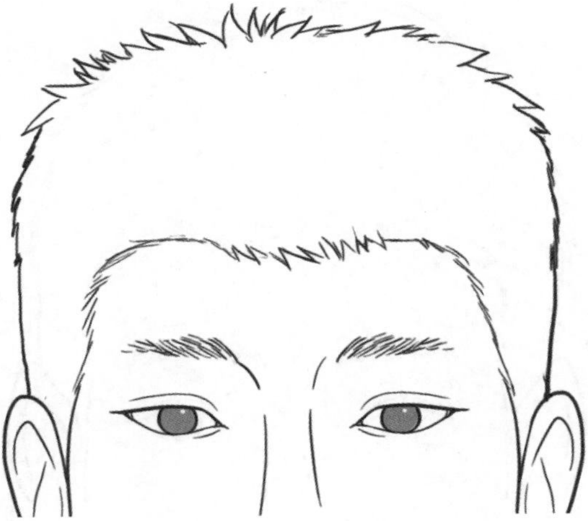

低窄額

【高窄額】

思想家、理想家、道德家常有這種額形。得此額相者，思想是高尚的，社會活動力亦強，惟左右太陽穴所掌管的理財性並不發達，故對錢財觀念不強，有時甚至連生活的正常開支也籌措不來。故此，這種額求名尚可，求利則恐怕較難。

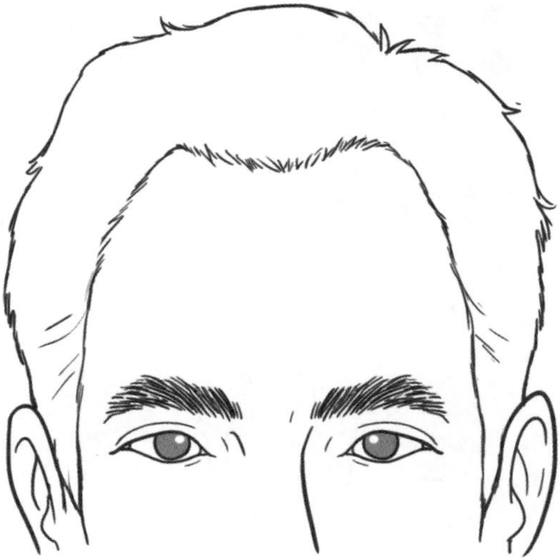

高窄額

【歪斜額】

額之左面為父，右面為母，陷斜在左邊者，父身體較差，緣分較薄；陷斜在右邊，則母身體違和，緣分薄弱。另外，此亦代表三十歲前運程反覆，吉凶交替而來，難有連續三年之順運。

【M字額】

左右額角高廣，代表分析能力佳。其實整個額部，可分成觀察、記憶以及分析三個部分，而我們日常是通過觀察，然後把觀察所得的儲存於記憶部位；到需要運用時，再把儲存的記憶加以分析，才再去運用。因此，這三個部位缺一不可。男性一般眉骨突，代表觀察力強，且額角一般高廣，主分析

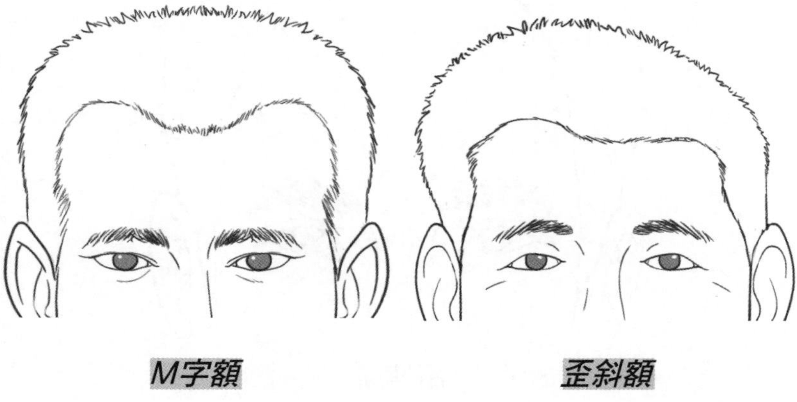

力佳；而女性則額之中部，即記憶部位一般飽滿，故女性的記憶力普遍較男性為強（見下圖）。

M字額的左右額角高廣，雖代表分析力強，但還要看觀察與記憶部分是否與之配合，配合佳者，才是完整的思想體系。否則，單有分析，不懂觀察，就會造成儲有的記憶都是錯誤的；記憶不佳，就會導致片段零碎，無從整合，同樣無所用。

故此，如M字額得到觀察與記憶部位之助，一般都會是行業裏頭出色的一群。

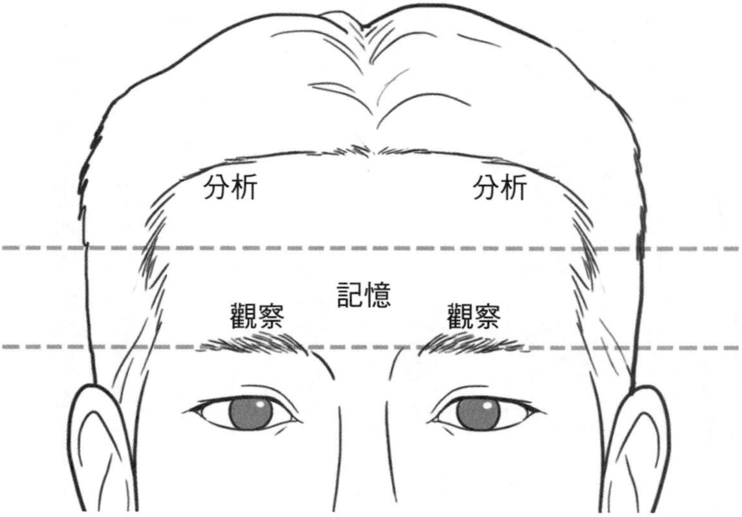

【美人額——金雞啄印堂】

不論男女，有美人尖突出都代表與父緣薄，即使少年行運，也難以維持至青年，因二十八至三十歲行至印堂運時，會受髮尖往下之勢影響，運程必然不順，很多時三十歲前的運勢會無以為繼，三十歲後要另覓新路，東山再起。

古代女性有美人尖的話，在十五、六歲時會出現較大的變動，可能是因為出嫁而要往別人的家，而在現代則可能早交男朋友或早離家。

有美人尖亦代表火星與天中兩個位置埋在頭髮裏面，顯示十五、十六歲兩年之學業容易出現變化——半工讀也好，暑期工也好，外出求學也好，甚至乎停學或不能升學，總之學業會出現困難。

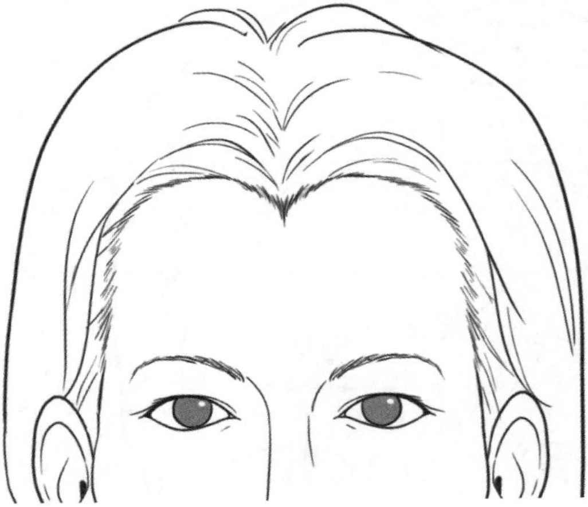

美人額

另外，美人額愈低，尖端與印堂距離愈近，則阻礙愈大，輟學的可能性愈高，且少年運於三十歲前亦難言通順。

【巖巉額】

有謂「額角巖巉先喪父，山根低陷損親娘」，從上句可以得知，此額與父緣薄，容易生離死別或話不投機，又此額讀書運差，尤其在十五至十九歲的時候。如額形寬闊，額不是太低的話，停學後可以再進修，否則便與書本再無緣分，又此額少年運差，三十歲前即使努力工作亦難有建樹。如眉眼顴鼻配合，中年亦有所成；如眉散、眼無神、鼻形短小則一生難有所成，為碌碌無成之相，加上額低為人固執，事事堅持己見，以致一生常

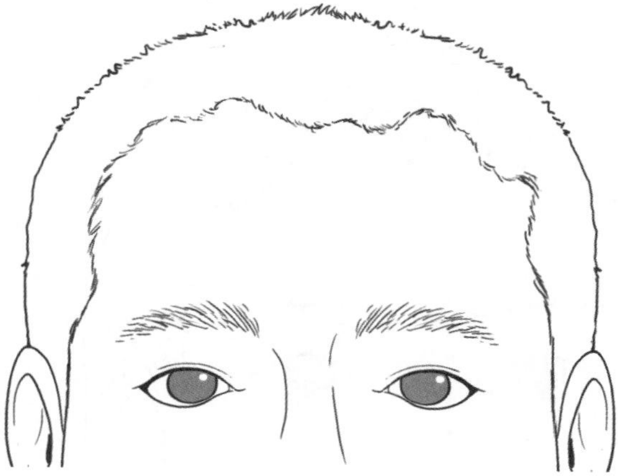

巖巉額

把時間浪費於一些小節上。

女性有此額者，與父緣薄，故容易形成戀父心態，成長後或會偏愛一些年紀比自己大許多的男性。

【鳳毛額】

「何知此人三作嫁？鳳毛額上角，女作丈夫聲。」

如女性於孩童時期，額角有鳳毛的話是正常的；但長大到十六歲以後還有鳳毛，就不是一個好現象，除非她們很晚才結婚，否則難以避免離婚之命運。如果在二十歲前結婚，唯恐要三次作新娘。可惜有鳳毛額

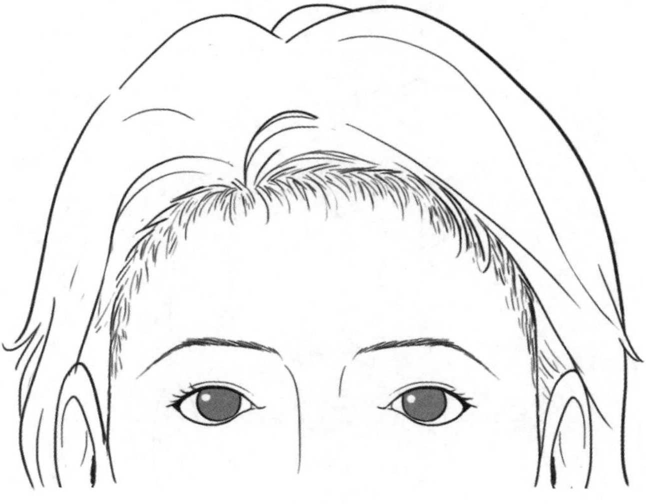

鳳毛額

的人，一般會傾向於早婚，令其無法扭轉宿命。

男性有鳳毛額的較少，即使有亦沒有甚麼特殊影響，按照一般額相情況推論便可以了。

【黃毛額】

「黃毛額角旋，父母早不全」，意即成長以後額角有旋毛的話，容易早與父母分離，又或者父母之間極不協調，有離異的機會，又或者易有異父母出現。又此額與鳳毛額不同，不一定會出現再嫁的情況，只是顯示父母之間不協調而已。

黃毛額

【旋毛額】

前額髮腳生旋毛，即頭頂之旋位在前額髮腳位置，雖然並不常見，但亦並不罕有，這樣代表與父無緣，或生離死別，或不投緣，無話說。

得此相者，為人較為固執，如果頭髮粗硬，剋應將更應驗。

旋毛額

額紋

【額有三橫紋】

一般與父無緣，少年運差，早踏社會，要眉眼配合才能於三十歲後創一番事業。

【中正部位有坑紋】

中正部位凹陷成坑紋，代表受胎時母親可能遇過驚恐或傾跌，以致形成坑紋，亦代表兄弟緣分較為薄弱，且三十歲前功名運一般，升遷困難。另外，走到中正時，感情容易出現變化，尤以分手失戀的機會最大。

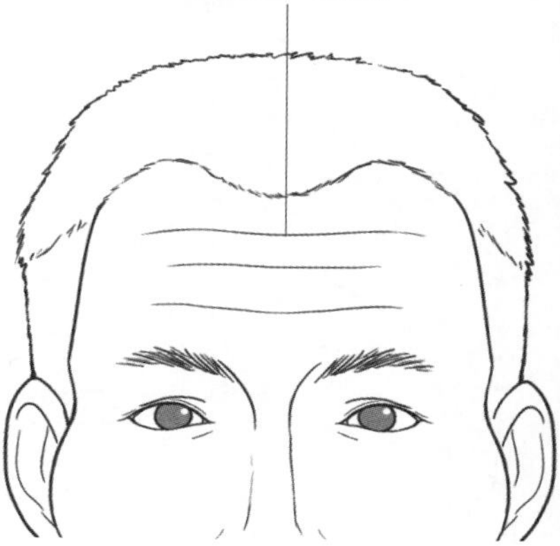

【V字紋】

上代某武打明星的額上便有V字紋，此稱為「雁陣紋」，主貴，利於求名。

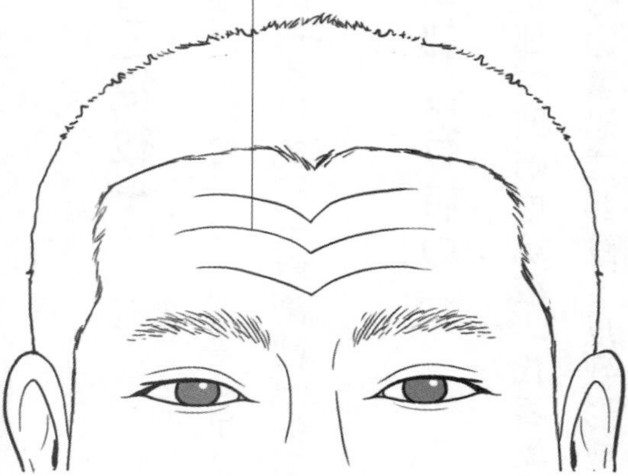

【亂紋】

有時額上會出現一些不規則的橫向短紋，這樣會將額上很多部位都破壞掉，故普遍少年運與讀書運一般，必待三十歲後部位配合，才能有一番成就。

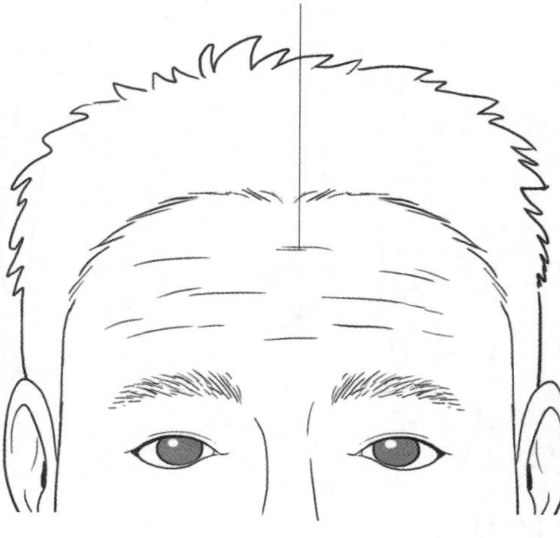

痣瘿及氣色

痣瘿

上述在分析部位時，已經略述痣瘿，現再詳述列圖如下：

驛馬——代表一生出行受阻，且不利移民或外地發展；氣色青暗，不宜出門。

天中——父緣薄。

天庭——母緣薄。

司空——父母緣薄。

中正——三十前難於升遷，利異路功名。

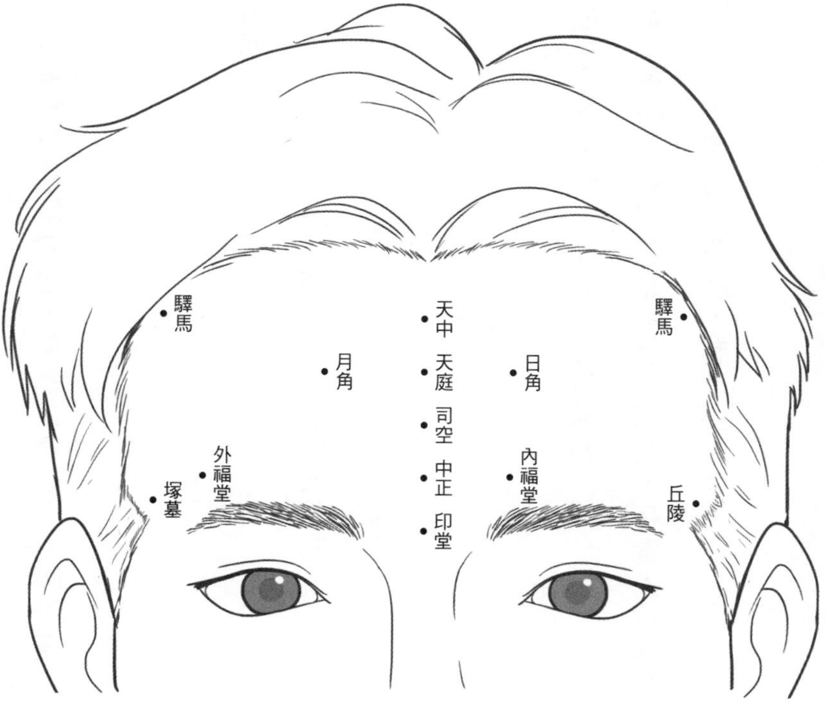

印堂——為人執著，先天下之憂而憂，事事容易往壞處想，但為人慈悲，財祿不差。
日角——父緣薄。
月角——母緣薄。
內福堂——常有短期內缺錢的情況，覺得不夠花費。
外福堂——有遠期缺錢的情況，可能較遠期會出現週轉困難，資金難以調動。
丘陵、塚墓——祖墳受破壞，帶有暗色，水淹。

氣色

驛馬——出現暗黑，不宜出門；有暗瘡，出門受阻；光亮，出行無憂。
天庭——暗黑如色，運程三五年內不順；青暗，短期運氣不佳；明潤，有貴人扶助。
印堂——青暗，必遇險阻；暗黑，唯恐有禍；潤白，事順，有意外之財。
日月角——青暗，父母身體不佳。

丘陵、塚墓——青暗，祖墓水淹；黑暗，祖墳風水不佳；氣色明潤，祖上風水佳。

整個額帶黑色——面色是白的，但整個額帶黑，即使額形飽滿，亦代表少年運不佳，而且黑色可以維持五年，甚至十年，要待運氣轉佳，黑色才會慢慢退卻。

古訣論額

古訣論額者不多，即使有亦不太詳盡，多論有某骨凸起者貴或有何紋者賤，能詳盡分析者絕無僅有。可能是受中國人愛意會的影響，故一般都會說得較為抽象，令入門者更難領會。

【相額】

額為火星、天庭、天中、司空之位，俱在於額，為貴賤之府也。其骨欲隆然而起，聳而闊，五柱入頂貴，為天子。其峻如立壁，其廣如覆肝，明而潤，方而長者，貴壽之相也。左偏者損父，右偏者損母也。

詩曰
額前聳起隆而厚，決定為官爵祿升，左右偏虧真賤相，少年父母主分離。
髮若豐隆骨起高，能言能語性英豪，天倉左右豐而貴，日月角起主官曹。
中正骨起三千石，陷時兒女主恓惶，女人此相須重嫁，男雖有祿退朝堂。
印堂潤澤骨起高，少年食祿掌功曹，仰月文星額上貴，面圓光澤逞英豪。

【額部相】

分一面之貴賤。辨三輔之榮辱。莫不定乎額也。故天庭天中司空。俱列乎額。是能攝諸部位。繫人之貴賤也。其骨欲隆然而起。聳然而闊。玉柱入頂。貴為天子。其峻如立壁。其廣如覆肝。明而澤。方而長者。貴壽之兆也。左偏者損父。右偏者損母。小而狹者貧夭。缺而陷者妨害。痕瘠者迍蹇。左為日。右為月。日月之角。百骨稜稜而起者二千石。印堂上至天庭。有骨隱然而見者。必達而榮。邊地山林。皆欲豐廣。坑陷貧賤。額兩邊輔角骨起者。三品之貴。天中天庭司空中正印堂五位。須得端正明淨。則聰明顯達也。若狹小而亂髮低覆者。愚而貧賤也。

歌曰。頭小而窄。至老孤厄。額大面方。至老吉昌。額角高聳。職位崇重。天中豐隆。仕宦有功。額闊面廣。貴居人上。額方峻起。吉無不利。額瑩無瑕。一世榮華。

【額】

額為火星。天中。天庭。司空。中正。皆在於額（天中為貴之主宰。骨起主富貴。且幼時發官。天庭主貴若骨起紅潤。日月角應之。大貴。司空為三公之部。骨起光潤大貴。中正主官位。骨起色潤者貴。四處皆忌紋筋缺陷）。所以辨人之貴賤也。寬主富貴。方更華榮（額方頂起者至貴）。山林不起。祖業有亦多傾（山林開則貴。狹則貧。破則至賤）。天庭不揚。功名得亦多滯。塌者剋敗。低者刑愚。偏者偃蹇。左陷者損父。額尖者亦然。右陷者損母。額尖者亦然。額乃官祿之宮。如有剋沖紋亂骨橫。皆為不利（不徒刑剋父母。且早年子息難成。損妻破財。勞碌多災）。

婦人以柔為本。如額太方太大太高。皆剋夫（髮際太高。為火焰上炎未笄即寡。日月角太高。為殺氣太重。亦剋夫）。若紋侵痣破或缺陷者。亦必孤寡。額尖耳反三嫁未休。又額尖顴露謂三顴面亦刑三夫。

【印堂】

二十八歲行印堂運。印堂在山根上。兩眉間。滿面部位。皆以印堂為用。蓋司一生一身之事者也。印為命宮。故不可沖。沖則多災。印主官印。故不可破。破則無祿。惟以寬平為貴。發達早而居官不危。以凹陷為忌。命多乖而印綬無根（雖有貴星。不成大器）。萬不可有紋侵痣破。則一生破敗刑傷。印堂紋之善者。一曰川字。一曰雙鯉。然川紋剋妻。是美中尚不足也。雙鯉紋唯秀直為貴。若斜若粗。又主貧賤凶危。

是雙鯉紋亦有凶也。如╳交劍紋死於兵刃。豎劍紋死於惡刑。相法云。雜紋貫印。日日多艱。可見印堂以無紋為貴也。

【相印堂】

印堂為紫炁星。在面眉頭中間。要豐闊平正。兩眉舒展。及得蘭台廷尉之處相朝。方為貴相。若小而傾陷。眉頭交促。及腮短少鬚。即主破產習下。學問無成。平生孤賤。印堂中有骨隆隆起者貴。尖狹貧乏。印堂中眉頭相連。一生不貴。不習好人。破祖業。妻子難為。又無實學。碌碌之人也。印堂中有三紋。直下如川字者。主多憂事也。

詩曰　印堂名為紫炁星。兩眉頭角要寬平。
分明隆起無相雜。祖業家財作事成。

【論眉】

眉之流年吉凶

眉，代表三十一至三十四歲，眉頭察看男女感情，眉尾則看兄弟朋友感情，而它亦為思想之表徵。眉是人類獨有的，眉毛長得愈順貼柔滑，智力發展愈好；粗豎混亂，則智力思維必有不完善的地方，甚至帶有原始的獸性。故眉愈粗愈亂，打架撞車之事必然較常人為多，皆因其後天修養壓制不住人類先天的獸性。

三十一歲、三十二歲——凌雲、紫氣

這兩個名稱是氣色的代表詞，它們主要用來形容眉骨。如眉頭生在眉骨上，才看眉頭，但很多人的眉毛與眉骨不是生在同一個位置，這樣便主要觀察左右眉骨。如眉骨顯露而帶潤白之氣為凌雲，帶粉色而潤澤為紫氣。這個部位氣色潤澤，代表三十一、三十二歲這兩年運程通順；如氣色暗黑或帶青，則運程不佳，事多阻滯。

眉骨主觀察，一般男性的眉骨較女性為凸，故男性初認識一個人時，會先細心觀察；而眉骨較平的人，則以感覺為先，不會細心去觀察一個陌生人。

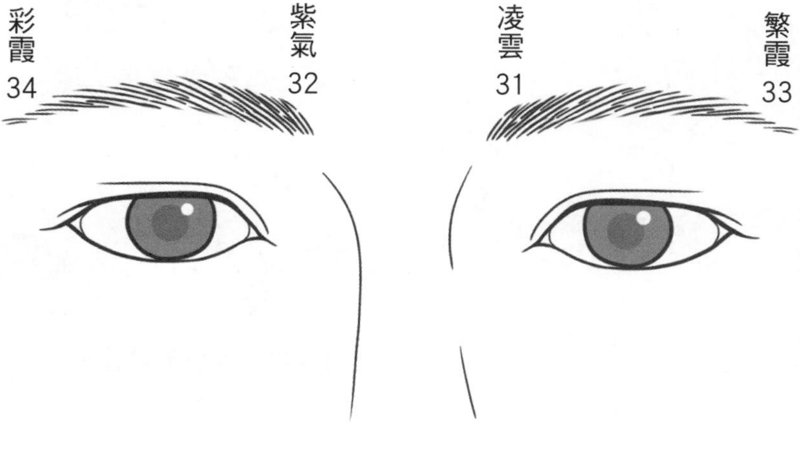

【眉骨顯露】

不論男女，眉骨顯露都代表觀察力強，人亦較有傲氣，事事要領先別人，這也是推動一個人成功的特質。

【眉骨過分凸露】

眉骨過分凸露，為凶相，一生橫禍、打架、意外之事頻繁，此乃其性格衝動所致。

這種人的個性知進不知退，知成不知敗，順境時當然勢如破竹，但一遇逆境便會敗如山倒，故眉骨過分凸露的人要多加修養，凡事不要去盡，事事留一線，望逆境時有旁人扶持，逆境過後可以東山再起。

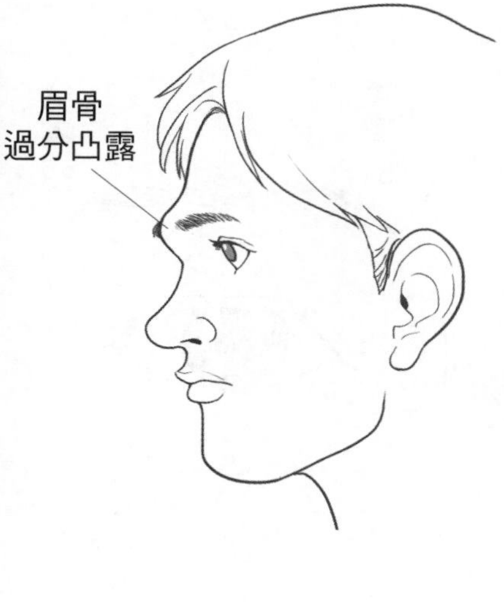

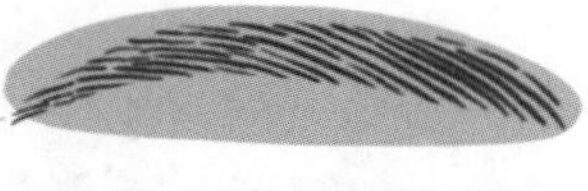

眉毛與眉骨長在一起

眉毛與眉骨不長在一起

【眉骨扁平】

很多女性的眉骨都是扁平的，故一般女性比較不善觀人，往往在初相識時，還未開始了解對方便相約吃飯，遇着居心不良的，很容易因此而受騙。又眉骨扁平亦代表進取心不是太強，不太愛與人爭，不論男女，看法亦同。

【眉骨凹陷】

眉骨凹陷比眉骨凸露更差，凸為陽相，即其人會與你發生正面衝突；凹為陰相，主人城府較深，遇事不會與你正面衝突，只會暗中使用計謀。這類人報復心重，可以把仇恨一直記於心中，直至等到好機會、好時機才會大力反擊。

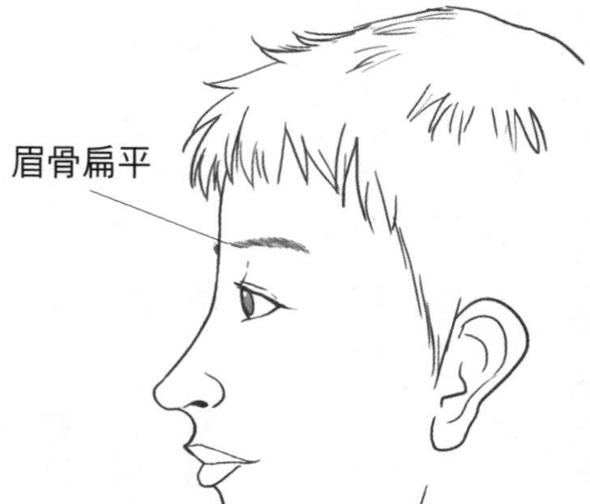

三十三、三十四歲——繁霞、彩霞

「繁霞」、「彩霞」是一個對雙眉的形容詞，用來形容眉像雲霞那麼漂亮與富有光采。繁霞形容眉有光采，且眉毛較清見底，能見到每條眉毛之根部位置；彩霞則指眉毛濃厚，見不到眉根，但眉是光采而潤澤的。從上面兩個形容詞可知，眉毛不管稀疏或濃密，最重要是帶有光采，而眉帶光采一定是貼肉順生而潤澤的；如果眉毛枯黃粗豎或逆生，必然難以反射光線並出現光采。

足齡三十歲是人生的第一個轉捩點，如眉毛貼肉順生而不是過於短促，一般會在三十一至三十四歲幾年出現人生第一個好機會；相反，如眉毛散、亂、逆、短，則會在這數年出現一個機會，讓你走進逆境。因此，在三十一至三十四歲如想作出改變，首先要察看自己雙眉。如發現眉毛並非貼肉順生而有光采的話，就不適宜在這段時間有任何變動。

眉之形態

眉頭亂

眉頭看男女感情，眉尾看兄弟朋友感情，又左眉看三十歲前，右眉看三十歲後——左邊眉頭亂而逆生，代表三十歲前不善處理感情；右邊眉頭亂則三十歲後不善處理感情；如左右眉頭皆亂，當然一生都不善處理感情了。這種人往往為情困擾，難以取捨與自拔，唯有遲些結婚，待心智成熟一點，方能減免離婚的機會。

另外，眉頭逆亂者在三十一至三十二歲時，感情最容易出現變化，即結婚、分手，又或者有了小孩子，它們都是變化的一種。

眉散亂

如眉中至眉尾散亂或不整齊，主兄弟感情差，雖然不一定反目成仇，但會較少往來，且難有助力，不成負累已經是萬幸了。

全眉皆亂

全眉皆亂，代表一生不善處理感情，不論男女感情、親情友情，皆一塌糊塗。這種人思想混亂，組織能力差，引致詞不達意，加上缺乏耐性與忍耐力，每每因此而與人發生衝突，打架官非意外之事不免較多，唯有嘗試修心積德，學習忍耐，雙眉才會變得順貼一點。

總而言之，眉清心清，眉亂心亂，心亂的程度與眉之形狀是成正比的。

眉中、眉尾散亂

全眉皆亂

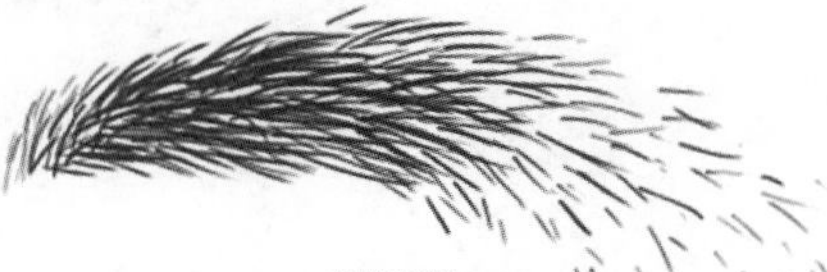

眉散

眉粗、眉幼

眉粗分成眉形粗與眉毛粗兩種，而眉代表人的一對手，眉毛粗代表心粗，對於用手做的東西，往往不夠細心，是一個粗心大意且沒有耐性的人；眉毛幼代表心細，這種人善於處理家頭細務及較為幼細的工作。

一般而言，男性眉毛粗而女性眉毛幼，這是正常的，所以一般都是男性着眼於大局，女性着眼於小節，當然亦有相反者。眉毛幼的男性，喜歡做一些幼細的工作，會把家中打理得井井有條，心思亦較縝密；眉毛粗的女性，一般粗心大意，往往不會料理家頭細務，愛外出與人打交道，有男子氣概。

【眉毛幼但眉形粗】

得此眉相者，是一個很細心的人，一般以享受型人有這種眉毛居多，因其心思縝密，人又愛享受，故成功例子會比較多。

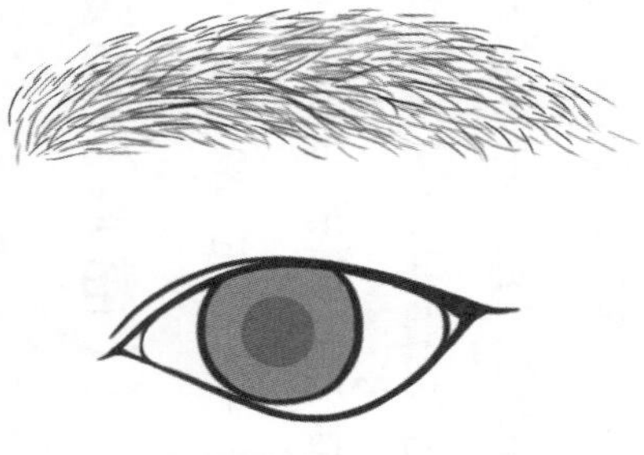

眉毛幼但眉形粗

【眉毛粗而眉形不粗】

這種人不喜歡着眼於細節，但善於全盤分析，決斷力快而強，不失為成功人士。

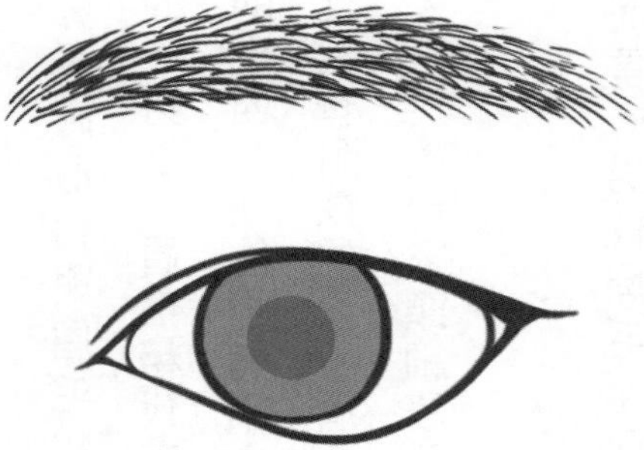

眉毛粗但眉形不粗

【眉毛與眉形皆粗】

眉毛、眉形皆粗的人，性急又粗心大意，故撞車意外損傷必然較常人為多。男性有這種眉毛，除非雙目有神，黑白分明，才真正有男子氣概，但可惜眉粗者，十個佔九個都是雙目無神的，這樣的男性好色膽小而又懼內。又粗黑眉毛名「重疊羅計」（左右雙眉為「羅睺」、「計都」星），重疊者為凶星。

眼為君，眉為臣，雙眉粗而眼無神為以下犯上，一生難得下屬之助，且人亦有勇無謀，不是一個容易成功的人。

如男性雙眉壓目而眼神不足，容易配比自己年長的女性；相反，眉粗的女性容易配少夫，因為眉粗的女性有男人的個性，喜在外交際，不愛處理家頭細務，故配年紀小一點的男性，自己可處於支配位置。

伴侶之間，眉粗配眉粗，是為相配，這樣會由女方一邊主導；眉幼配眉幼亦可，這是正常之搭配，大家有商有量，但一般仍主要以男性為主導；但眉粗之女性配正常眉毛或幼眉毛的男性，是為不配，因大家會因爭權話事而引致家庭不睦。

眉除了看兄弟朋友與男女感情外，亦是反映其內心心態的表徵。

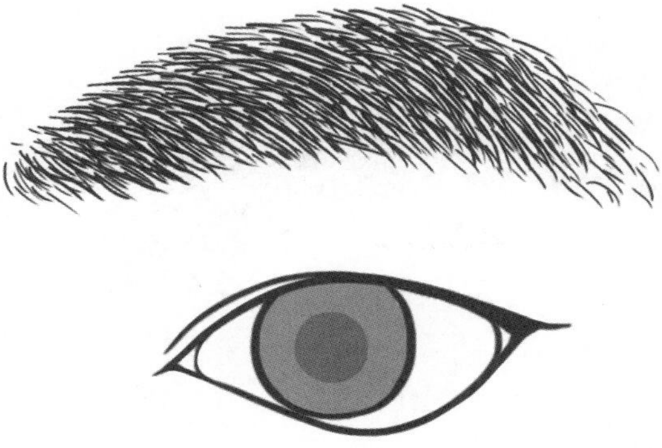

眉毛與眉形皆粗

散尾眉

眉尾散，主財難聚，一般眉毛散的人，投機心較重，人會急於求成，惟眉尾散者，志大才疏，常會做一些自己能力以外的事，以致招致失敗，尤其在足齡三十二、三十三行眉尾運時，容易出現一個自己覺得很好的機會，可是在投資以後，事情卻沒有想像中理想，以致損失了一大筆金錢。

眉尾散的人一般到中年以後，閱歷增長了，人踏實了，才容易達到持久的成功。很多白手興家的富豪，眉尾都是散的，到第二代、第三代眉毛便會變回正常。

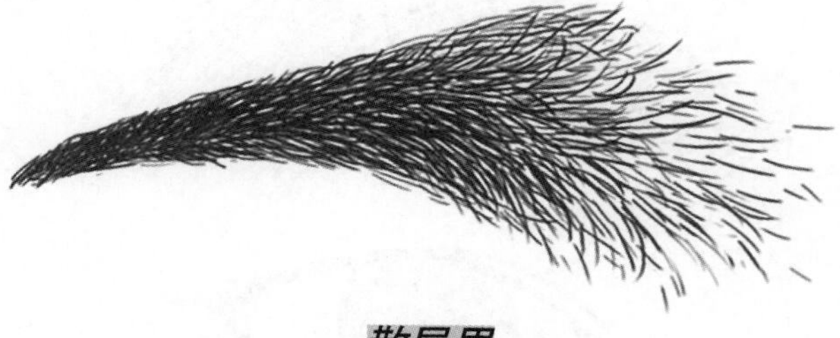

散尾眉

【亂草眉】

眉毛又粗又亂，一般為草莽之人，遇事往往不經細想便魯莽行事，究其原因，不是他不想思考，而是無法細想，因為得此眉相者，組織能力都不高，並不是一個善用智力的人。

又這類人最容易被人利用，或被智力高的人支配，而自己就衝鋒陷陣，一生不免橫禍較多。

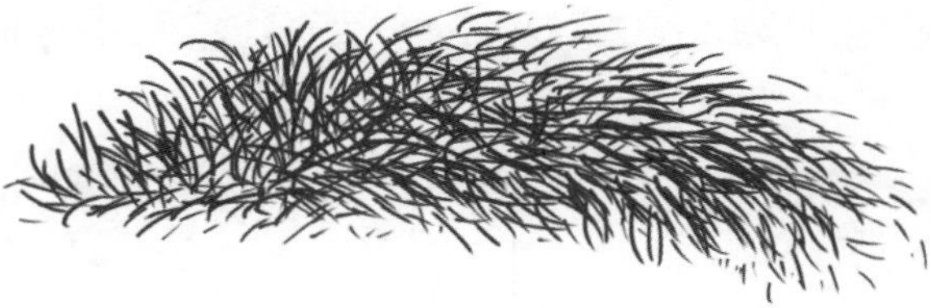

亂草眉

交連眉

交是交，連是連，其實是兩種不同的眉，但很多人會混為一談，下釋述之。

【眉交】

眉交是左右眉頭相侵，進入了另一條眉，兩邊眉頭好像在打架一樣。這種眉除了一生容易受情所困外，亦容易與兄弟反目成仇。

又因智力不能控制情感，這類人往往容易因情感關係而做出一些破壞行為。

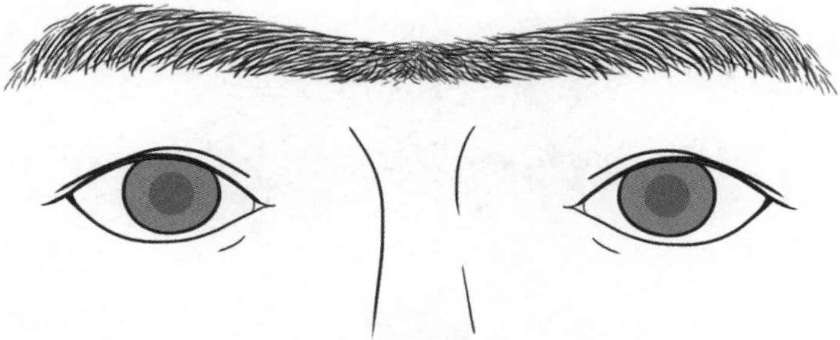

交眉

【眉連】

顧名思義，眉連即雙眉相連，但左右兩眉各自生長，沒有侵入對方的眉內。

這種眉在印度、中東及南歐等地是常見的，算是眉侵印堂的一種，代表其人性格較為執著及對宗教信仰有強烈傾向。

至於兄弟感情方面，反而沒有甚麼大影響，而對男女感情之影響亦不太嚴重。

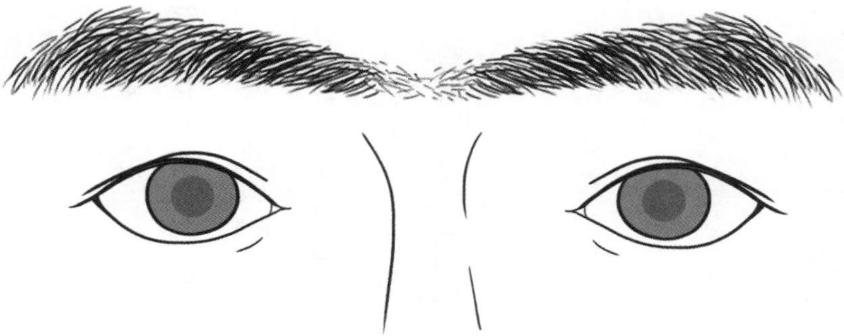

連眉

眉長

眉長者，思想慢但深思熟慮，人較細心。

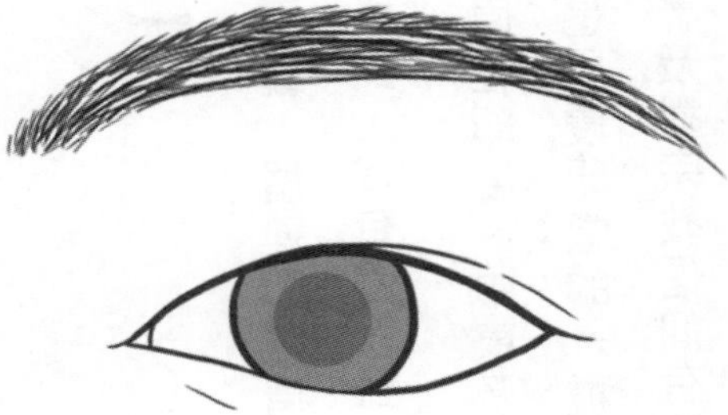

眉長

眉短

書云：「眉長過目，兄弟五六。眉如掃帚，兄弟八九。若是不足，反為孤獨。眉僅及目，兄弟三四。」

在上代社會，還可以用以上原則去判斷，但在現代社會，一般都不會有很多兄弟姊妹，只有眉短者兄弟薄弱仍然是準確的。

眉與眼最少要長短均等，如眉短於眼為短，代表兄弟少；如短至僅及眼之一半，多為獨子，並無兄弟，縱使有亦不相往來。

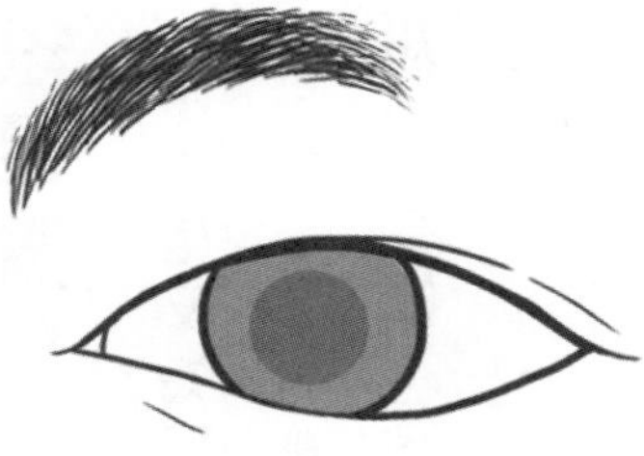

眉極短

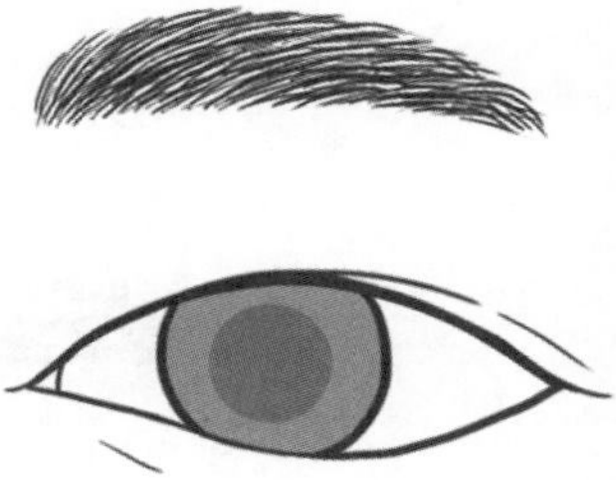

眉短

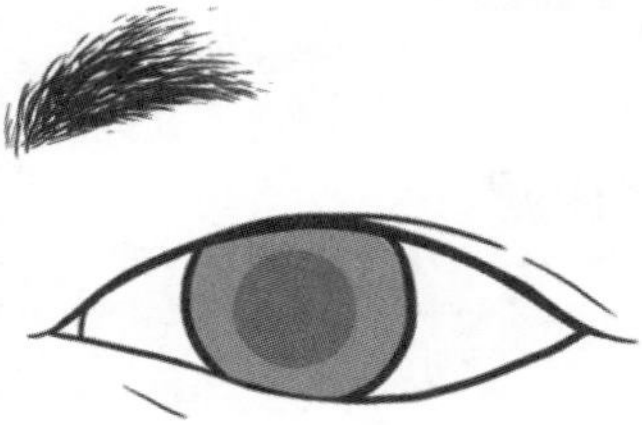

龍眉，一般無兄弟

促眉

眉毛促，一般剋弟或自己是幼子，但眉促不一定眉短，只是眉尾像突然劃斷一樣，眉尾並非呈尖形。

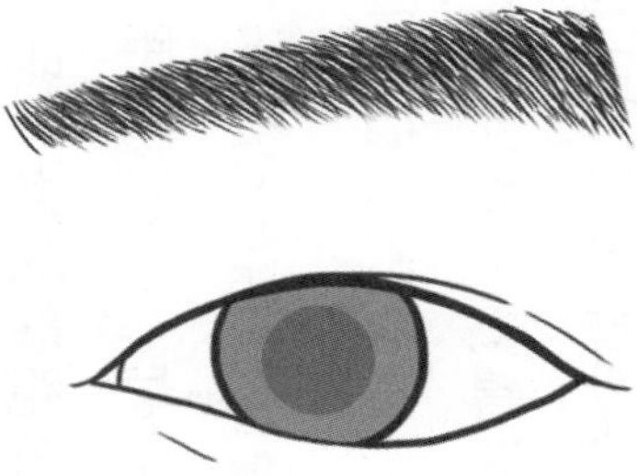

促眉

短促眉

眉毛又短又促亦會剋弟，較之於促眉，其人更可能是獨子。從上面數圖得知，短是短，促是促，不能混為一談。

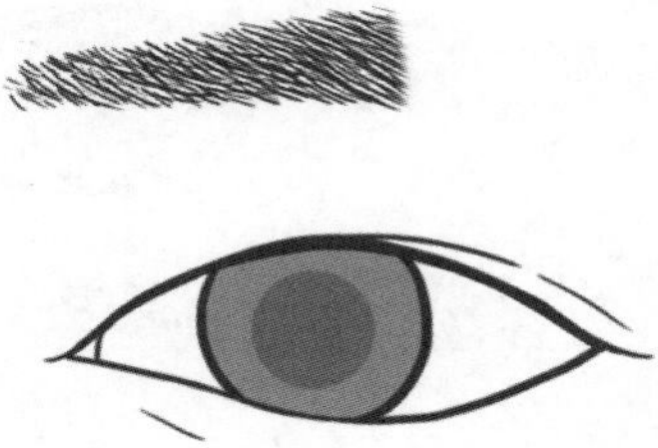

短促眉

眉高

眉高即眉與眼的距離闊，一般東方人的眉眼距離較闊，西方人的眉眼距離較窄，又女性的眉眼距離普遍較男性為闊。

眉與眼的距離愈寬者，愈愛追求一些幽玄靈妙之事，覺得冥冥中一切自有主宰，是一個唯心論的人，且為人注重親情，是一個幫親多於幫理的人。

而西方的近代研究，則指出眉眼距離闊的小孩，在父母不在身邊，自己獨處時就會大哭；相反眉眼距離窄的小孩獨處時就沒有甚麼反應，從而推斷眉眼距離闊的小孩長大後自理能力較差，常想父母在其身旁。這種小孩在東方人社會被視為孝順，在西方人社會則嫌其不夠獨立，從這點就可以得出同一個結果，在不同民族會有不同的想法。

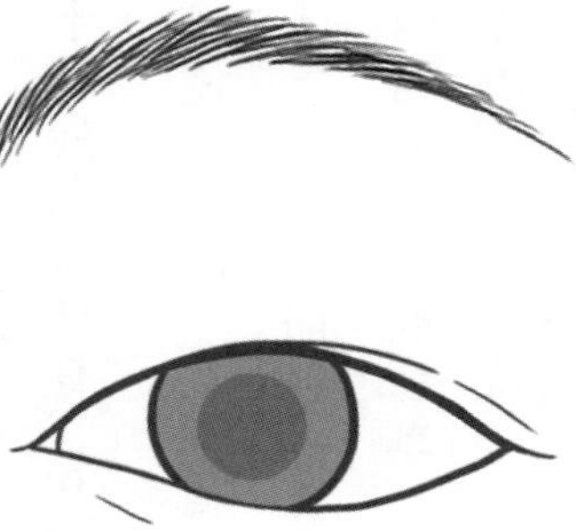

眉高

眉低

歐美人士的眉眼距離一般較窄，尤其是美國人，眉眼距離窄的可說是佔大多數。此種人的個性實事求是，重理性多於重感性，往往親情淡薄，很少往來。

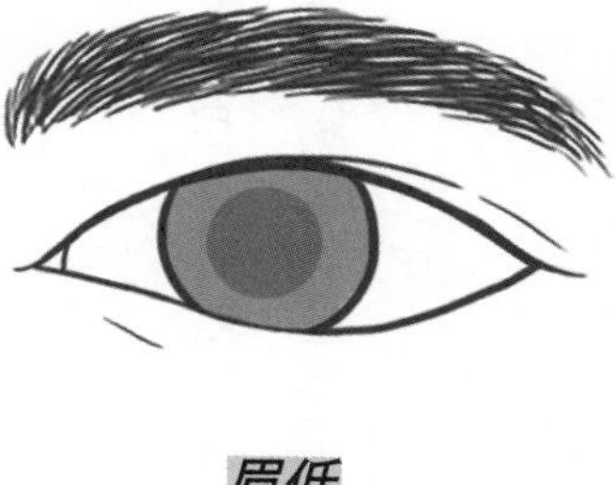

眉低

對歐美人士而言，眉低者的性格為獨立，而東方人卻視之為不孝，這又是東西方思想的一大分別；尤其是美國人，對他們而言，養兒女到十八歲責任已經完結，子女如果活到二十多歲還寄住在父母家中，恐怕會給人訕笑。

至於做父母的，年事漸長後，就會自己尋找老人院，安排自己的晚年生活，而不會想到要依靠子女。所以，看相除了要懂相法外，亦要參看民族特性，這樣學懂基本相法後，便用諸於天下而皆準。

眉低壓目

很多美國人都是眉毛長得極低，與眼好像相鄰無間一樣，但因美國人一般眼眶下陷，雙目有神，這樣只是代表其人極端實際，實事求是，事事往利益處計算，是個重理不重情的人。

但東方人眉低壓目，如眼眶沒有下陷，雙目又不夠

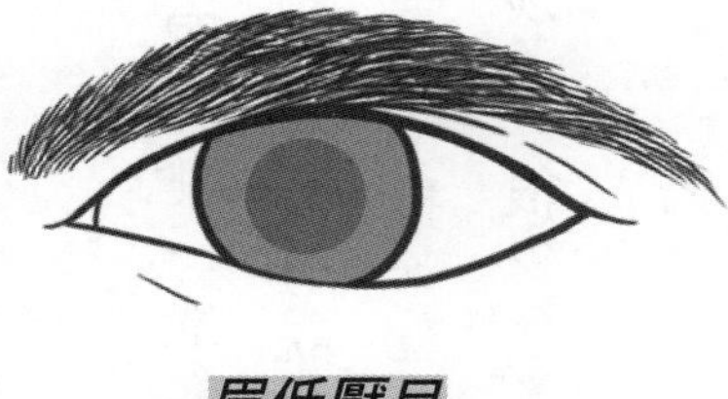

眉低壓目

神的話，主人不重親情，而且現實又膽小，往往對外人惡不起來，但回到家裏就欺負家人。另外，得此眉相者容易有盜竊傾向。

枯黃眉

如眉毛枯黃而沒有光采，則無論眉形與眉毛走向如何，都已經不算是一條好的眉——男性主兄弟無助力，甚至無緣，且朋友運差，一生易受朋友所累，智力不足者甚至容易被人利用，運程不濟。

眼鼻長得佳者，中年以後還可以有一番作為，否則一生貧苦無成，不是一個容易成功的人。

至於女性有枯黃眉，則夫運極差，不要寄望能靠丈夫扶持，不成為負累已經是萬幸了。

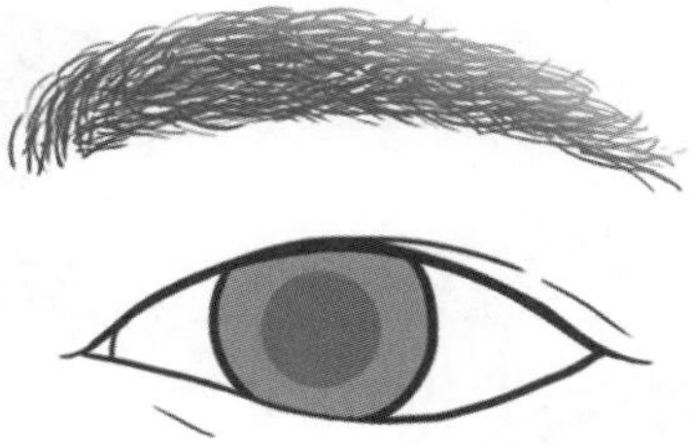

枯黃眉

薄眉

眉薄在相學上是沒有影響的，最重要是薄而不斷，由眉頭一直延到眉尾便可以了。另外，最緊要是不亂，如是者也算是一條好的眉毛，主兄弟朋友運佳，心思細膩，是一個心水非常清的人。但過薄而不連則非佳象，主男性心狠、報復心強；女性則夫緣薄。

【眉薄而亂】

眉薄而亂，會當作一條亂眉看，主其人思緒混亂，組織能力差，兄弟朋友緣薄；但又因眉幼的關係，人會比較敏感，以致一生容易陷於悲觀的境地。得此相者，唯有多點提醒自己，不要經常胡思亂想。

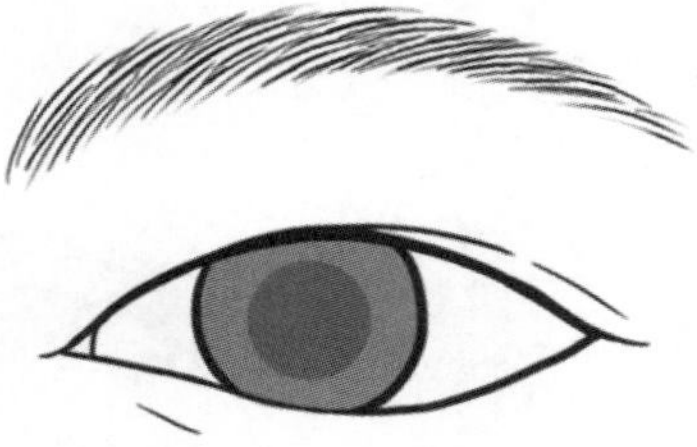

眉薄而順

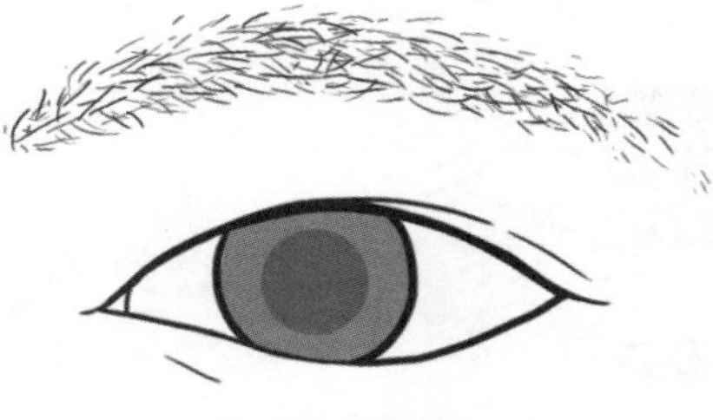

眉薄而亂

缺眉

不管因先天或後天所致，眉有一部分缺了，都代表兄弟易見生離死別，或各居異地，但感情好壞仍以眉毛是否整齊而去判斷。

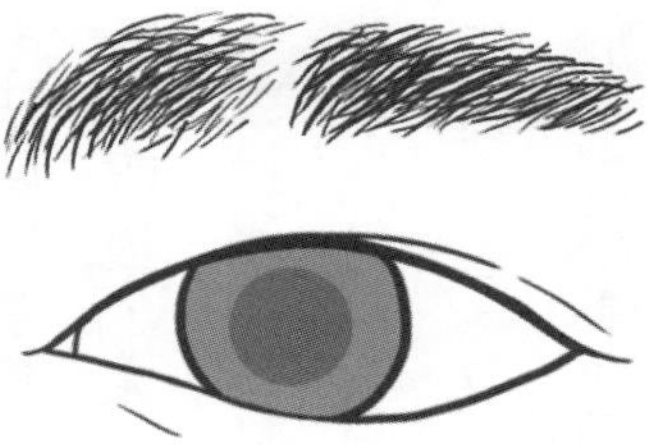

缺眉

破眉

破眉是指因後天受傷而破了眉，這除了代表兄弟無緣，容易分離之外，亦代表自己容易有受傷之險，尤以破了眉頭為應驗。左右眉頭有破者，左穿頭，右撞車，容易有意外之厄。右眉二十四、五歲，左眉二十八、九歲要特別小心。

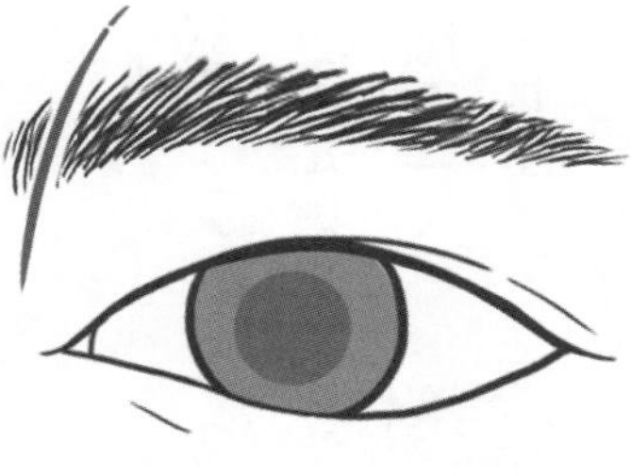

破眉

斷眉

與破眉、缺眉的意義一樣，都是與兄弟無緣，自小分離，又斷眉一般是後天所致，尤其左眉有明顯傷疤的話，很多時是足齡十八、虛齡十九時撞車所致。又以九執流年法推斷，左眉斷在一、十、十九、二十八這數年易見損傷；右眉則七、十六、二十五、三十四這數年要小心。又眉為雙手，所以斷眉者的手特別容易折斷受傷。對於劇烈運動，可免則免，以防傷患加重。

豎眉

豎眉是指眉毛不是順貼眉骨生長，而是一條條直豎一樣。眉豎與眉亂一樣，都代表其人思緒混亂，做事無條理，眉毛幼還好，因人較陰柔，沒那麼衝動；如又豎又粗，則智力不足，忍耐力差，一生打架、撞車之事恐怕在所難免，唯有多加修養，修心積德，

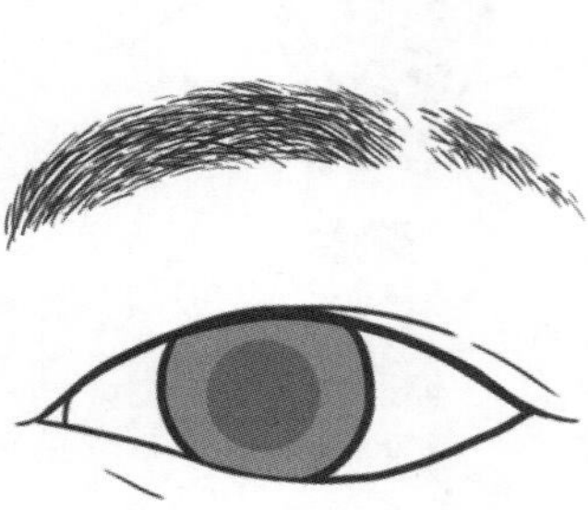

斷眉

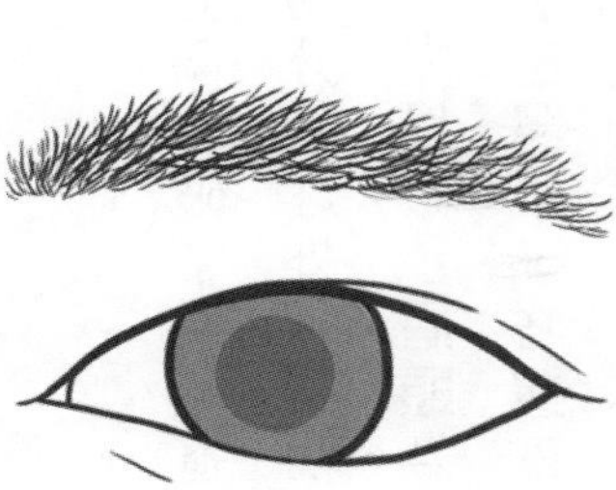

豎眉

把魯莽的個性修正過來。

一字眉

一字眉是指眉形橫向生長，像一字一樣。男性有此眉，代表為人決斷力足，是一個實事求是的人，不會浪費時間去想一些無謂的東西，亦不是一個羅曼蒂克的人，但能負起照顧妻兒的責任，所以女士擇偶時，就看你自己喜歡哪一類人了。至於女性有一字眉，就代表其人有男子氣概，做事會較爽快。

彎眉

眉彎者，思想優美，個性比較柔弱，上代女性多有此種眉毛，她們一切以丈夫為依歸，缺點是個性不夠獨立，依賴心較強；如男性有此眉相，則會較細膩溫柔，傾向於女性化。

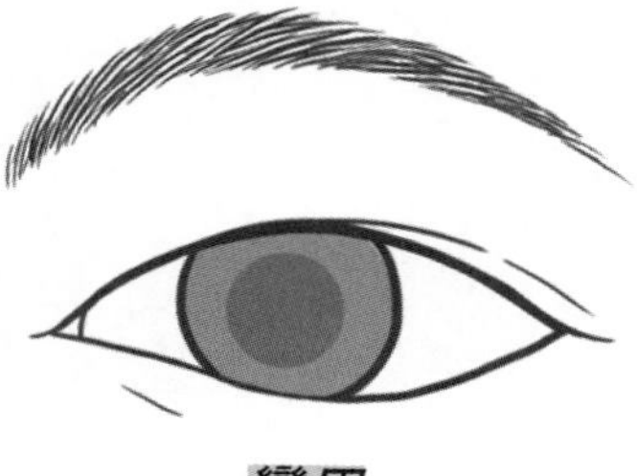

彎眉

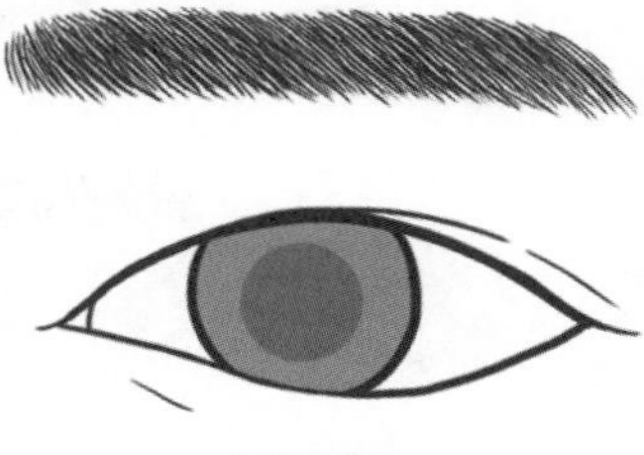

一字眉

又化妝亦可以反映內心想法，一個人喜歡把眉毛畫成平直或彎曲，某程度上是內心慾望的表徵，以及自己想表達的自我形象。

【眉彎尾散】

眉彎忌散，眼秀忌水流，眉彎而散除了投機心重，還往往會把事情想得太美好，以致最終因投機而破財。至於在感情方面，他們亦會因想得太美而無法兌現承諾，令對方失望。

又得此眉者在感情上較不專一，而這亦是令其一生在感情上兜兜轉轉的其中一個原因。

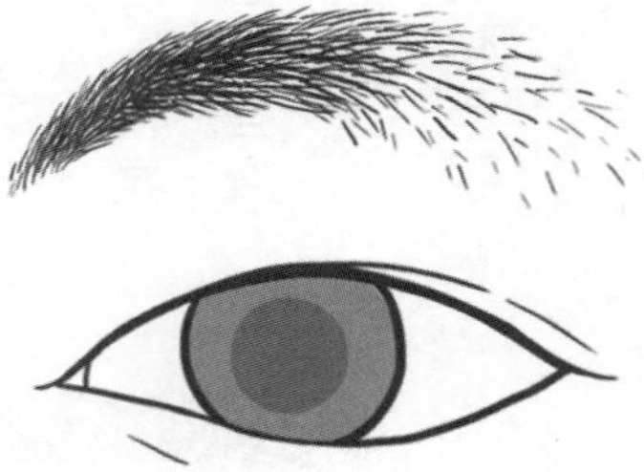

眉彎尾散

八字眉

很多政治人物及名醫都有一道八字眉，八字眉除利政治與醫學外，亦代表其人內心柔弱，是一個悲觀主義者。

又眉為感情，八字眉眉尾向下為陰盛陽衰之相，故一般男子得八字眉會比較懼妻，家中大小事情都是由老婆作主。

至於女性有一道八字眉，亦不是一個好現象，因女性已經屬陰，再配上一條八字眉未免陰氣過重，人會變得更悲觀及內向；雙眼黑白分明還好，否則婚姻恐難得美滿。

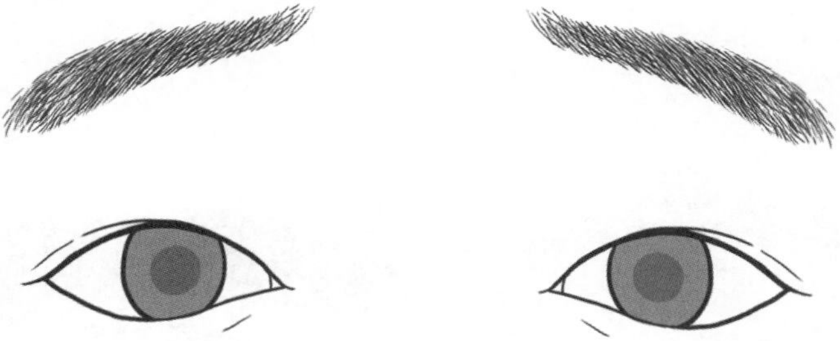

八字眉

婆娑眉

婆娑眉的形態為兩眉長而下垂，有時垂下之眉毛還會蓋着眼尾。

這種眉相為陰性之相，為人慈悲為懷，有人情味，惟個性不果斷，一生常處於被動之中，感情如是，事業如是，不是一個明敏果斷的人，男性一般畏妻，女性則安守本分。

武俠眉

有謂：「眉抽三角，一生常自得歡娛。」

一般看武俠片或武俠連環圖長大的，大多會發現裏面的英雄人物，都是雙眉起角，好像很有男子氣概一

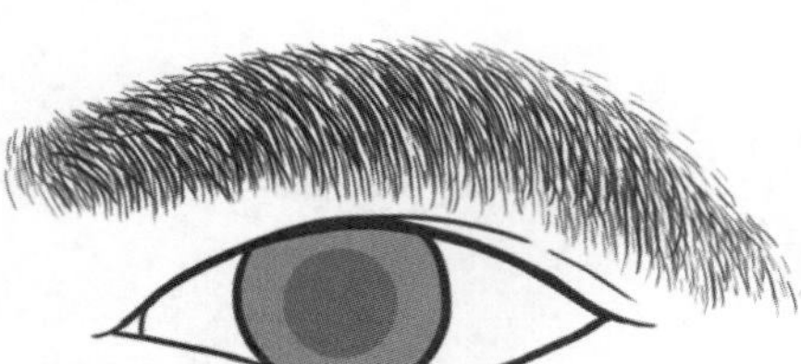

婆娑眉

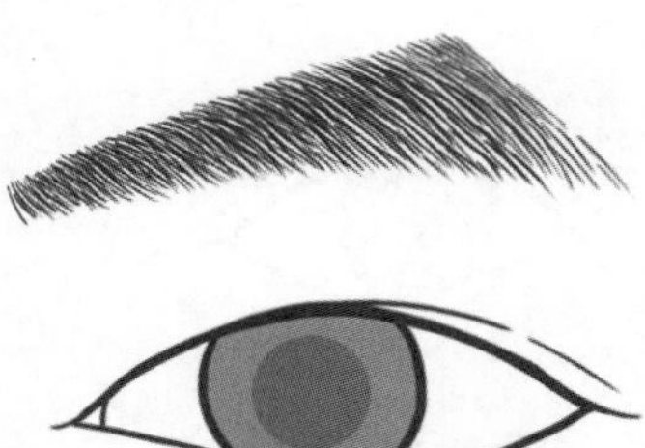

武俠眉

樣。其實，這只是一般人的主觀誤會而已，因眉抽二角的人，性格其實比較樂天，遇到逆境很快便會適應過來，還懂得苦中作樂。

不過，眉起角的人，有時脾氣會較硬，但他／她的脾氣是發不長久的，轉眼又會把不快的心情抹掉，回復樂觀的個性。

飛揚眉

眉尾飛揚，看上去好像很有英氣；而得此眉者，天生傲氣，不願長居人下，其志氣是推動其成功的動力。這類人很容易在自己的領域稱霸，格局高者為領導級之英雄人物；格局低者也不甘居於人下，能在平常生活中突出自己。

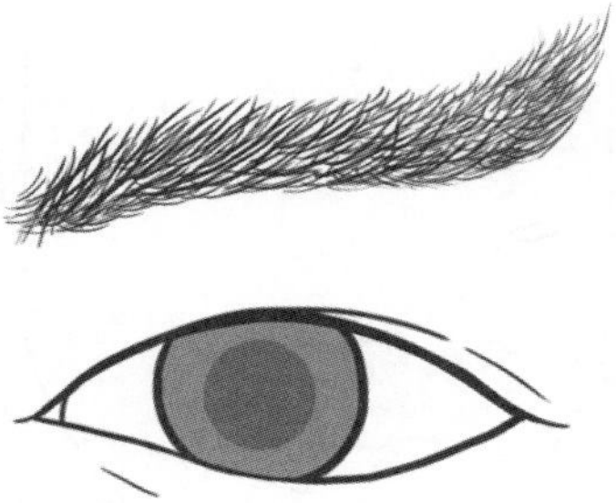

飛揚眉

無眉

無眉者一般為凶相，但因自己把眉毛剃掉或拔掉而不再生長則不在此列。

篇首已經論述，眉毛為人類所獨有，至於其他動物即使有眉毛——有的三數條豎起，有的十數條豎起——但根本不成形狀。

天生無眉代表其人思想不太完善，有時理智會控制不到感情。如其人生長在發達社會，體制完善，再加上後天教育，或能使他重回正軌；但如生在不公義、混亂、貧困落後的社會，便容易引發原始的獸性。

無眉

眉頭闊

眉頭闊，大快活！

眉頭與眉頭間距離闊的人，會較為樂觀，做事不拘小節，遇到困難時也會開解自己，不會鑽牛角尖，愈陷愈深。

惟眉頭愈闊者，對凌亂之忍耐力愈強，故這種人的家難免會不太整齊。

眉頭闊

眉頭窄

眉與眉之間的距離愈窄，其人個性愈執著，其程度雖然沒有連眉那麼嚴重，但也不是一個善於開解自己的人，常會把工作上不開心的事情帶回家，影響到家庭生活。

又此等人容易執著於一些小事或小原則之中而不能自拔，即使在家也喜歡把每件物件擺放得整整齊齊，只要稍見凌亂就忍受不了，所以不是一個容易相處共事的人。

眉頭窄

眉毛高低

書云：「兩樣眉毛，定需二母」，又云：「左眉高，右眉低，父在母先歸；右眉高，左眉低，父亡母再嫁。」

其實上面所云，最主要點出無論父先歸也好，母先歸也好，現代人離婚再婚也好，眉毛明顯一高一低者，都容易有異父母兄弟。

又這種眉毛到三十一至三十四歲走眉運之時，運程難免反反覆覆，高低不定。

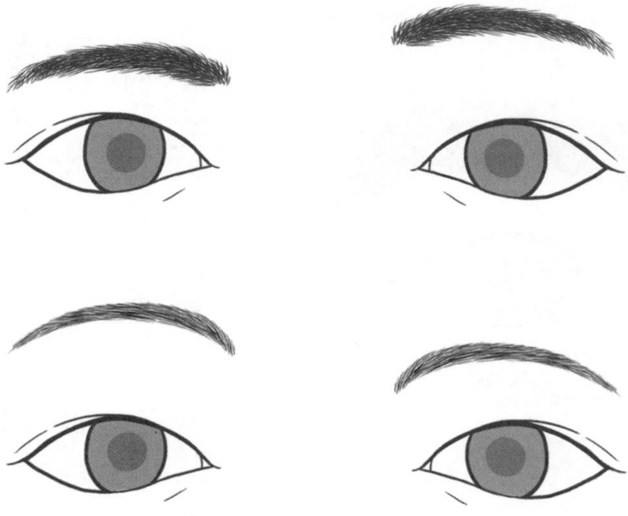

眉毛高低

眉中帶旋毛

眉中見旋毛，左眉主損父，右眉主損母，損代表無緣，容易早年就生離死別。筆者在這三十年間，只見過一次左眉毛中間長出如頭髮鑽旋轉的旋毛，其人之父親真是比較早亡，由母親獨力養大。

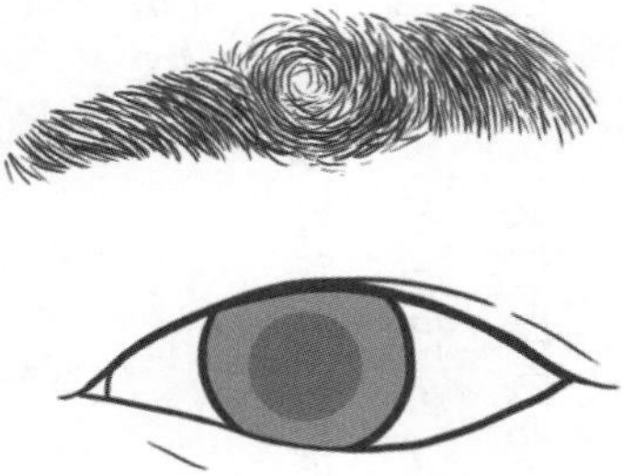

眉中帶旋毛

羅漢眉

眉毛又粗又鬈曲名「羅漢眉」，如雙眼黑白分明還好，但可惜粗眉很少配一對有神采的眼。眼無神者，膽小怕事，色慾心重，婚緣不定，不算是一條很好的眉。

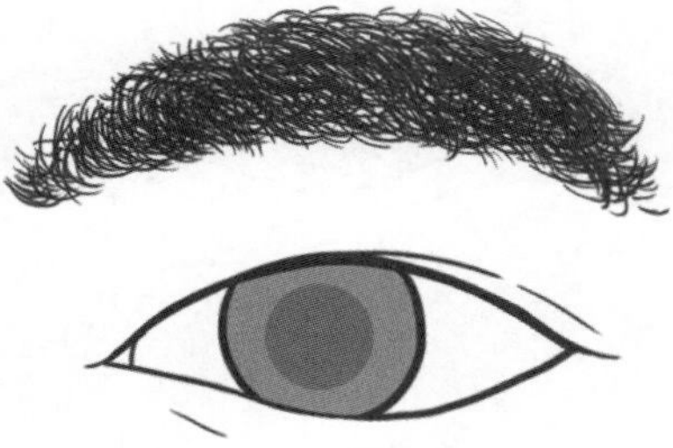

羅漢眉

卓刀眉

有謂：「眉卓如刀，兵死陣亡」。這種眉粗黑而濃，像一把開山刀一樣，主其人一生多意外損傷，凶險之事比常人為多，宜修心積德，方能避禍。

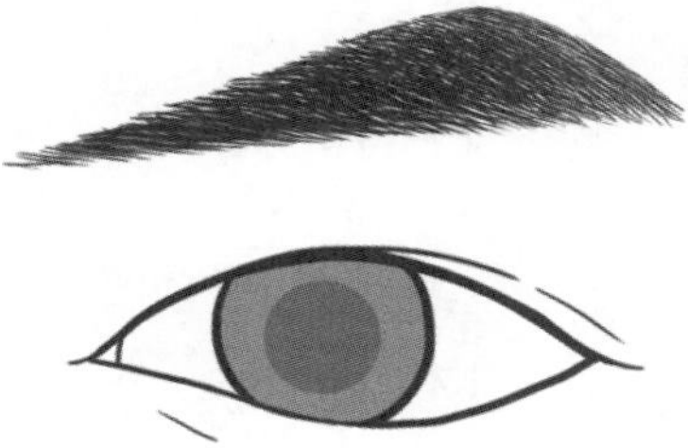

卓刀眉

合抱眉

眉毛上下合抱，主性格柔和甚至柔弱，容易膽小怕事，女性還可，男性恐英氣不足，難成大事，從事一般不用鬥爭的工作會較為適合。

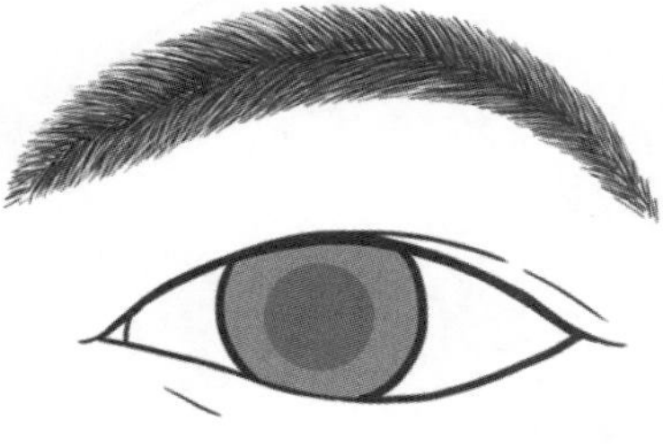

合抱眉

吊喪眉

吊喪眉與八字眉相似，但此眉頭幼尾粗，主為人心機重，貌似君子，實質小人，最愛裝模作樣，好像大慈善家一樣，其實暗中一心為自己謀財。

所以我常說，不要太容易相信表面太好的人，此種人內心一定有所謀。

眉中獨豎一毛

得此眉者，有一技之長，會做得比別人出色，容易成為行業的佼佼者，但這與財富不一定有直接關係。

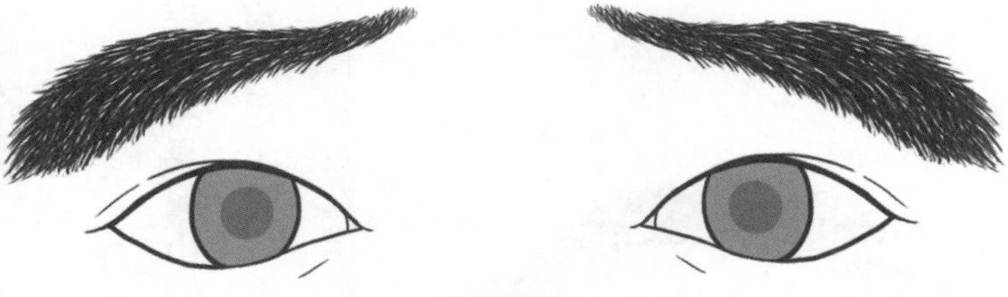

吊喪眉

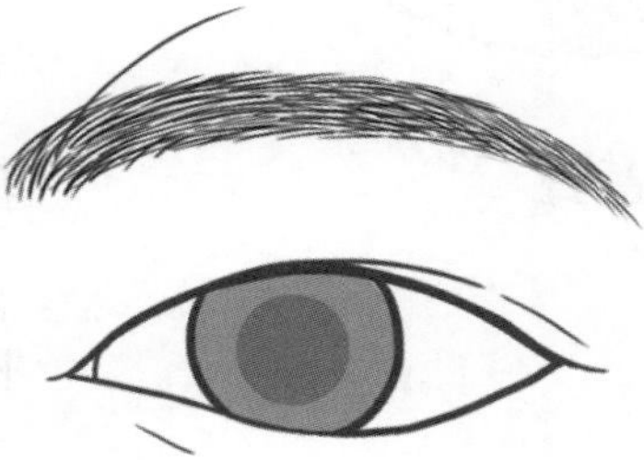

眉中獨豎一毛

眉間痣癦

交鎖、額路——眉頭對下，精舍、光殿對上的位置，如有明顯痣癦，一生易見官非，易有牢獄之險，即使被官家扣留一夜，也算應驗。

田宅——田宅位寬者，較易得到遺產，但如有痣癦就等於破了田宅。左面主不能得到父親遺產，右面主不能得到母親遺產。

眉內——一般人說「禾稈冚珍珠」是貴相，但這只是坊間道聽塗說，不可盡信；又說眉有痣者聰明，亦只可參考而已；反而眉濃帶痣易犯水險，眉疏有痣則易犯火險。

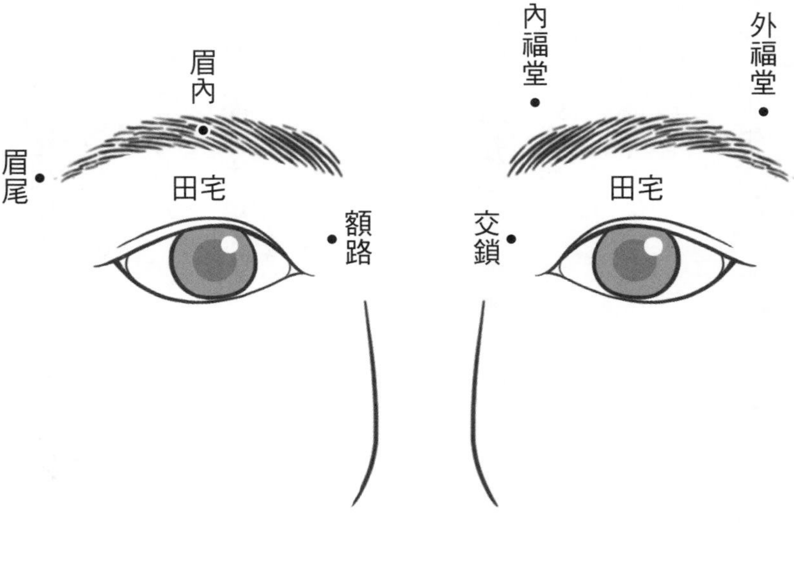

眉尾——有謂：「左眉尾有痣，妻姦夫不知」，那麼右眉尾應相反論調，「夫姦妻不知」，但其實不論男女，左右相同。

內福堂——內福堂有痣，主常有短期之金錢短缺，惟數目只屬小數。

外福堂——外福堂有痣，易有較長遠的週轉壓力，且數目屬較大筆。

眉之特別看法

眉毛過濃——本屬不好的眉毛，但如髮粗濃、鬚濃密，則為三濃得配，為「三遲格」，主結婚遲、生仔遲、發達遲，但遲總好過無。

眉毛過稀——如鬚疏、髮疏，為「三稀得配」，亦可享成就。

眉毛過短——本為不佳，但配圓眼不忌，反而做事速戰速決。

濃密交連——本為凶相，但在北方發展有利，北方屬水，水生木旺，生旺自己。

眉低壓目——本為不利，但眼深有神不忌，只代表與家族成員緣分薄弱，但自己必有一番作為。

眉生白毛——生於四十歲後者壽，四十歲前者促壽。

眉粗眼露——眉運時必有血光之災，生命之厄，眼神愈露厄運愈大。

眉頭生逆毛——左眉，父死不能送終；右眉，母死不能送終。

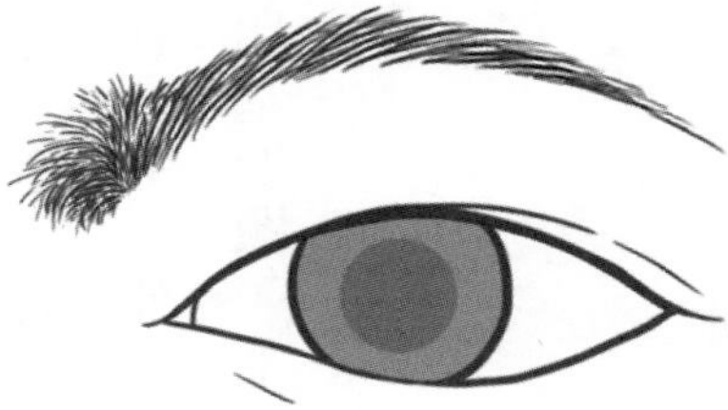

眉頭生逆毛

古訣論眉（一）

【眉說】

天有攝提。人有兩眉。夫眉者。媚也。媚在眉而威亦在眉也。眉疏秀而有采。眼威藏而神。是謂人面有應。若眉宇寬長平闊者。則心地坦然無私。靈台秘訣云。眉有陰陽。陽昂陰覆。男得陽眉而為正。女得陰眉而為順。闊平主多樂少憂。反者貧賤。

人得重眉。必得陰人纍纍之財。眉秀彎長。主文學。眉直頭昂。多主雄勇。眉生陣雲。軍伍立名。主財不聚。近鬢多不足。眉濃髮厚。損壽。眉中有三紋。耽於酒色好賭。眉頭逆者。不能送父母之終。眉頭順生。眉尾平直。主早發。不妨父母。讀書早得科名。聲聞天下。眉重交不得賢妻。眉近眼眶。不宜長子。重眉者主重拜父母（眉上下有肉似眉）。眉卓主夭。眉有三角。為人不孝不義。印堂交加。事亂如麻。印堂八字紋。堅耐自長生。印堂川字紋。年過八十春。印堂懸劍紋。惡病禍纏身。眉長於目。有智能。眉短於目。少弟兄。龜鑑云。眉稜高聳。峻者倔強人也。眉無稜。無志氣。眉橫正平。仁義令名。許負曰。連眉蹙。其人多憂。眉上多理。貧苦下相。眉上各一直理者公卿。眉間有一立理者。為國功臣。眉中一黑子亦然。眉間有月字。公侯相。年九十。眉有王字。封侯。眉尾毛起面者。主外氏有破敗。兩眉長印堂廣闊。主心田好。

【眉為保壽官捷徑】

眉為兩目之華蓋。實為一面之威儀。乃日月之英華。主賢愚之辨別。應山林草木之秀。掌妻妾昆仲財壽之宮。屬紫氣之星。按羅計之宿。上有四部。曰凌雲。紫氣。繁霞。彩霞。須要寬廣清長。雙分入鬢。首尾豐盈。高居於額。乃保壽官成矣。必得疏而秀。平而闊。秀而長者。性聰敏。粗而濃。逆而亂者。性兇頑。長過目富貴。短不及目乏財。壓眼者窮迫。高昂者氣剛。卓而豎者性豪。尾垂下者性懦。眉頭相交者貧薄。妨兄弟不得力。眉逆生者不良。妨妻子。眉骨稜起者。兇惡多滯。眉中黑子者。聰明而賢。眉高者大貴。眉中白毫者主超群多壽。眉上多直理者富貴。眉上多橫紋者貧苦。眉中有缺者多奸詐。眉薄如無者多狡佞。凡眉濃要鬢濃鬚濃為三濃。眉稀要鬢稀鬚稀為三稀。方為相應。眉為殺。眼為貴。眉秀須眼秀。眉秀眼濁。謂之有殺無貴。多犯刑剋。眉大眼須大。方始相應。貴殺兩全。方為豪傑。頭尖尾大名刀眉。屠宰殺。一字眉。青黑者妻乖。眉癢者主遠信至。眉頭有旋紋者。多好爭鬥劫殺。眉毛長者主壽。左眉旋者父先剋。右眉旋者母先剋。左右旋。二親俱剋。濃而順生如一字者。兄弟雙吉。逆生不豎者兄弟凶。眉攢者災多。兄弟參商。眉愁而下頭低者剋妻。黃如金色者妻淫。眉豎者兇惡。雙眉蹙起者閒事縈心。眉長毫垂者壽。眉頭疤痣缺陷者。中年官事。如貼一片肉。或彎眉者。主妻淫。眉頭尖及插下如稜角者主創業。兄弟隔角。外家貧寒。短者兄弟少。秀者兄弟多。濃而壓眼者早年辛苦。亦刑父母。眉頭交逆者不孝。性剛不和。眉毛一半生上。一半生下。主父母惡死。兩樣眉毛主過房。眉微微薄細小如一葉。或眉中有斷路者。主兄弟遠去。無眉毛者兄弟剋。眉粗稜角骨高者無病。眉短細者外家多敗。眉毛逆上者父母惡。大而彎者主淫。秀者早發。粗者發遲。眉骨凸者孤。眉滿目上下堂闊者子多。清者清高。濁者愚濁。頭高尾低者懦弱。頭低尾高者性剛。眉毛順者。兄弟和。諸事順。眉毛逆者。兄弟隔角。而事多反覆。

訣曰。翠眉入鬢。位至公卿。眉如彎弓。衣食不窮。眉高聳起。威權祿厚。眉毛長垂。高壽無疑。眉毛潤澤。求官易得。眉如初月。聰明超越。眉長過目。忠直有祿。眉毛細起。不賢則貴。眉角入鬢。為人聰俊。眉如彎弓。性善不雄。眉若高直。

身當清職。眉清高長。四海名揚。眉清有采。孤騰清高。眉交不分。早歲歸墳。眉如掃帚。恩情不久。重重如絲。貪淫無子。眉短於目。心性孤獨。眉如新月。好善貞潔。紅黃之氣。榮貴喜慶。眉不蓋眼。財離人散。眉骨稜高。長受波濤。眉散濃低。一世孤貧。眉毛相連。壽命難全。眉毛生毫。壽命堅牢。眉頭紋破。迍邅難過。眉毛過目。兄弟和睦。眉毛中斷。兄弟分散。眉有旋毛。兄弟眾豪。短促不足。分散孤獨。眉毛逆生。兄仇弟賊。眉如鬥雞。兄弟剋刑。眉毛塞眼。雁行必疏。濃淡豐盈。義友弟兄。眉頭婆娑。女少男多。眉卓如刀。陣亡兵交。眉秀神和。其如閒何。眉有縱紋。父母難存。眉毛纖細。重重技藝。眉中黑子。必有伎倆。眉毛生過界。一生欠人債。眉如新月樣。名譽播四方。眉長於目。兄弟五六。眉如掃帚。兄弟八九。與目同等。兄弟一兩。短不及目。兄弟不足。縱有一雙。也非同腹。左眉高。右眉低。父在母先歸。右眉上。左眉下。父死母再嫁。紋理。眉中十字。元字紋者。大享福。有坤卦紋者。祿二千石。有成土字並魚鳥獸者。主大將公卿之位。眉中有紋橫破者。主弟媳之姦。眉毛黃。主妻淫蕩。有覆盆者。主水險。有黑子眉頭生者。主性剛。眉上生者。主貴官。又云眉頭有痣。一生官非不惹。不怕鬼神。

氣色。眉上忽然白色者。主哭泣孝服。忽然紅色者。三日七日內。主口舌官訟。黃明入華蓋。主遠近喜信入宅。又主動出為吉。眉毛或青黑如錢大不散者。主卒亡。眉枯黃色防災。眉間一點赤。當有口舌。黃色者財喜。及書契動。青黑入眼。及過年壽大凶。白色者孝服。微青者婦人口舌。紅紫間者損血財。眉頭青者主妻災。眉中忽然生毫毛。長者謂之壽毫。但不宜早。萬金相云。二十生毫三十死。三十生毫四十春。四十生毫壽命長。若四十之上。忽然生一毫。長者。三十日內主遇貴。

賦曰。蓋眉宇之於人兮。實顏面之奇表。左羅右計而對宮兮。須疏秀而光皎。或一字而過目兮。須高長而入鬢杪。或如蛾眉月兮。應秩爵而終壽考。或旋螺而濃粗兮。定愚頑而兇狡。或稜骨而粗惡兮。必憂煎而驚擾。倘壓眼而交連兮。主刑剋而器小。眉定信義兮如管鮑。平直清秀兮真達道。烏潤而立起兮。乃富貴之奇寶。目長而拱照兮。懷冠世之詞藻。清揚聯娟兮。攀龍附鳳多智巧。眉宇長宏兮。錦衣玉帶名譽早。若抽二尾兮。一生歡娛到老。如帶重羅兮。多為父母煩惱。眉毛散亂兮。資財莫保。稜骨隆起兮。孤壽何了。或眉分八字兮。貪花柳而無昏曉。或眉如柳葉兮。愛妻妾而多情抱。或短而豎兮。性劣剛強而暴躁。或長而立兮。威鎮邊陲而征討。

古訣論眉（二）

【論眉】

夫眉者。媚也。為兩目之華蓋。一面之表儀。且謂目之英華。主賢愚之辨也。故眉欲細平而闊。秀而長者。性乃聰明也。若夫粗而濃。逆而亂。短而蹙者。性又兇頑也。且眉過眼者富貴。短不覆眼者。乏財。壓眼者窮逼。昂者氣剛。卓而豎者性豪。尾垂眼者性懦。眉頭交者貧薄。妨兄弟。眉逆生者不良。妨妻子。眉骨稜起者。凶惡多滯。眉中黑子者。聰貴而賢。眉高居額中者。大貴。眉中生白毫者多壽。眉上多直理者富貴。眉上多橫理者貧苦。眉中有缺者多奸詐。眉薄如無者多狡佞。

訣曰。眉高聳秀。威權祿厚。眉毛長垂。高壽無疑。眉毛潤澤。求官易得。眉交不分。早歲歸墳。眉如角弓。性善不雄。眉如初月。聰明超越。重重如絲。貪淫無守。彎彎如蛾。好色須多。眉長過目。忠直有祿。眉短於目。心性孤獨。眉頭交錯。兄弟各屋。眉毛細起。不賢則貴。眉角入髮。為人聰俊。眉俱旋毛。兄弟同胞。眉毛婆娑。男少女多。眉覆眉仰。兩目所仰。眉若高直。身當清職。眉中紋破。迍邅常有。

詩曰 眉是人倫紫氣星，稜高疏淡秀兼清，一生名譽居人上，食祿榮家有盛名。
眉淡髮厚人多賤，眉逆毛粗不可論，若有長毫過九十，愁容短促少田園。

【相眉】

雙眉為羅計星。欲疏而秀。平而闊。直而長。過目豐富。左有旋紋者損父。右則損母。毛長者壽毫。白者主超群。眉愁者孤短。不覆目者孤貧。粗者愚夭。斜而卓者性豪。頭起尾低者性懦。眉交者貧賤。不得兄弟力。眉頭有旋紋者。多好爭鬥劫殺。眉是人倫紫炁星。稜高疏淡秀兼清。一生名譽居人上。食祿榮家有政聲。眉濃髮厚人多賤。眉逆毛粗不可論。若有長毫過九十。愁容蹙短乏田園。眉細平過眼。清疏秀出群。更加新月樣。名譽四方聞。眉長過眼目。弟兄須五六。後曲兒孫淫。絕毛離鄉曲。眉短家無兄弟真。濃長過目四三人。不過兩目只言二。淡薄短散孤伶仃。眉毛濃黑財難破。紋過耳頭長不樂。眉頭有痣道人術。更云有壽官寂寞。眉後毫長壽更長。逆生非見一親亡。左眉尾上還生痣。奸私盜賊切須防。眉後旋毛多獨自。男帶女眉淫色事。毫毛長生莫去嫌。此是保壽更無二。眉後一旋弟兄二。兩旋知君有三二。三旋濃長四五人。濃潤無疏六七是。眉生逆毛小幼孤。女兒如此必妨夫。兩眉相接人多厄。淡薄財散兄弟殂。眉骨稜高無孝心。女眉彎曲更多淫。旋毛生向眉頭後。客走他鄉少信音。眉上紋生八字形。知君兩妾悵平生。日月骨生於額上。長壽宮高富且榮。

古訣論眉（三）

【一 眉之關係】

三十一至三十四歲。行眉運。問祿在眉。未有眉秀而不貴者（神異賦云。無職無權只為雙眉不秀）。問運在眉。未有眉潤而不發者（大綱相云。眉毛潤澤。求官易得。麻衣云。文滯書難。只為眉間青滯。柳莊云。文臣武職。均在眉上氣色以定升沉）。問壽在眉。未有交連而長壽者（眉毛長。壽長。

四十外生毫亦壽長。若交連命宮。則多災。並不永年)。問福在眉。未有眉愁。眉無。眉稜骨高。眉如八字。而不孤者。可見眉之關係。不僅四年也。但眉宜與眼配。眉大眼大。則為殺貴兩全(眉為殺。眼為貴。眉大眼小。主刑剋)。眉宜與鬢鬚合。濃稀相配(濃則三濃。稀則三稀)。則得福壽兩備。不可不知也。

【二 眉彩】

眉有彩者尚矣。雖耳反目露。鼻仰。口掀。不凶。所謂彩者。濃也起伏(一層層起伏)。不粗。淡也細緊不放。色紺翠。態秀媚。似有一種可愛者是也。不徒身貴。並得子榮。若配以曉星之目。硃砂之唇。不王侯。亦將相。但平等富貴。不能有也。

【三 眉之格局】

長主富。高主貴。要清秀為體。侵命宮。則多愁無壽(印堂為命宮。眉退避命宮。則富貴早。為官安穩)。犯日月則多滯有剋(目為日月。壓目。少妨父母。中妨妻妾。運亦蹇滯。且目為貴星。萬不可壓）。頭不可交。交則破印（眉連則印破矣。無祿無壽。又眉相互曰交加眉。中年大敗孤寡。蓋眉頭相連曰交連。眉毛相互曰交加。皆大忌也）。尾不可散。散則破財。運蹇者必濃厚壓眼。貧賤者必黃薄短疏（眉黃薄若無則終身人奴）。何以知多凶災。曰粗硬（粗愚。硬橫）。豎（好鬥貪殺）。卓（頭尖尾大者是。主陣亡兵死）。稜骨尖露（性粗暴多兇）。何以知多刑剋。曰逆（男剋妻。女剋夫）。曲（剋妻子）。旋（左旋損父。右則損母）。壓。壓眼剋父母妻子。壓奸門則剋妻。凸（骨凸男剋妻子。女剋夫兒）。無（孤）。豎（男剋妻子。女妨夫）。橫（橫紋剋妻）。黑子當辨水火之災（眉黑濃有黑子。水厄。眉黃短面紅有黑子。火厄）。交紋應防妻妾之禍（奸門交紋。妻多死於非命）。眉豎眼紅。紅筋。眉壓眼昏。以及疤痣缺陷者。防官非。眉彎眼秀。眉細眼流。以及曲濃黃亂者。好淫慾（好正色。眉秀眼秀。好邪色。眉亂眼流。好正色。眉彎而尾不散。好邪色者。眉彎而尾必散亂。故眉彎忌散亂。眼秀忌水流）。大抵頭高者橫。尾低者懦（又主生女多男少）。缺薄者奸。疏散者勞。間斷者成敗。毫宜生遲（四十歲生方好。早反促壽也）。朝上又孤。濃當出嗣（否則剋父母兄弟）。壓下且窮。所以眉宜高不宜低。宜長不宜短。宜清。不宜濃亦不宜薄也（眉中黑子。聰明而賢。主陰口舌又主初年水厄。又左尾黑痣主奸賊。眉頭生子主性剛。眉生子貴）。

男取目秀。女取眉清。故貴女無賤眉。貴賤刑凶。男女同理。未嫁而額廣。背橫。眉散亂者。不貞潔。既嫁而常皺眉者。不旺夫。眉細主得陰人財帛。

眉又為兄弟宮。長秀起伏。兄弟和睦。短促疏散。雖有若無。反生逆毛。則主刑剋。相法云。眉長過目。兄弟五六。眉如掃帚。兄弟八九。短不及目。雖有亦非同腹。大亦不靠也。

古時相書很多都有圖解的，惟圖畫抽象，解釋又不清楚，常要感悟當中意思，致使初學者或悟性不高者難以一窺門檻。現特別抽出古書論眉的畫與詩供大家參考。其實，不論古今學相，都應先從文字入手，了解全盤意義，然後再幫人論相，這樣會比較準確及容易。但一般人只要一書在手，便會用圖案來對比自己的面相，但面相千變萬化，再多千千萬萬的圖也不能盡道。故此，最主要是懂得觸類旁通，多些觀察人面，日子久了，自會感悟。

【輕清眉】

兄 眉秀輕清尾不枯。
弟 青雲有路輔皇都。
和 雁行三五成行序。
貴 且看聲馳在宦途。

【尖刀眉】

兄 刀眉粗惡主家貧。
弟 性暴奸貪狗盜人。
蛇 兄弟生來還隔膜。
鼠 終歸十惡喪其身。

【旋螺眉】

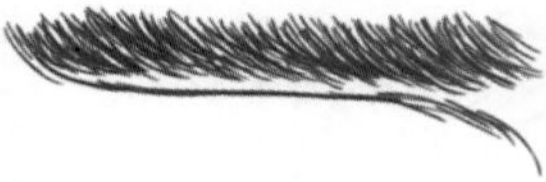

壽 旋螺保壽武官眉。
考 平淡人逢主剋兒。
多 若得此眉徵壽考。
智 性情纖巧最多疑。

【龍眉】

富 彎彎濃秀號龍眉。
貴 拔萃超群舉世知。
榮 兄弟眾多皆主貴。
華 高堂福祿望期頤。

【短促秀眉】

小秀短之眉福壽滔。
貴聯芳雙桂是英豪。
家平生不背貧窮約。
順忠孝仁慈志亦高。

【八字眉】

孤八字眉頭主剋傷。
壽奸門受壓數妻亡。
有平生碌碌財恆足。
財恐抱螟蛉叫父娘。

【羅漢眉】

勞眉如羅漢大非宜。
碌妻晚受磨子不達。
刑兄弟刑傷難得力。
傷晚年一子杖頭隨。

【掃帚眉】

兄帚眉前小後疏稀。
弟兄弟少情不可依。
欠定有二三無後裔。
情老年財帛似花飛。

【疏散眉】

財 疏散眉毛相總乖。
帛 平生計算性狼豺。
盈 興衰家道難如意。
耗 勞碌營謀不稱懷。

【劍眉】

富 劍眉長秀豎山林。
貴 膽識威權鐵石心。
剛 無位之人剛傲性。
性 精神氣足不常尋。

【前清後疏眉】

貴 前清不逆後疏清。
而 早歲功名白鎰盈。
不 中末運途雖遠大。
壽 弟兄多是不投情。

【柳葉眉】

少 眉粗似葉濁中清。
年 骨肉情疏子晚成。
發 信友忠臣多義士。
達 終須發達播賢聲。

【一字眉】

富 一字眉清首尾平。
貴 由仁由義早成名。
仁 可憐刑剋年非永。
義 只恐孤單少弟兄。

【新月眉】

兄 新月清高秀且長。
弟 彎彎勢若拂天倉。
大 喜他棠棣情和好。
貴 難弟難兄作棟樑。

【小掃帚眉】

小 若濃若淡兩相扶。
貴 齊拂天倉尾不枯。
早 兄弟背情南北路。
發 功名也可上雲衢。

【間斷眉】

興 勾紋黃薄斷如傷。
衰 兄弟無緣各自忙。
不 財帛興衰多不足。
常 六親冰炭剋爺娘。

【疏短眉】

破 眉短黃疏有若無。
敗 生來世上聽人呼。
客 豐隆他部堪工藝。
死 氣濁神昏喪路途。

【交加眉】

兄 眉毛最怕兩交加。
弟 中末年來已破家。
仇 貧賤伶仃兄弟惡。
敵 一朝之忿實堪嗟。

【鬼眉】

盜 粗雜鬼眉壓眼波。
賊 假施仁義毒心多。
奸 百般生活無沾染。
詐 竊得人財着綺羅。

【獅子眉】

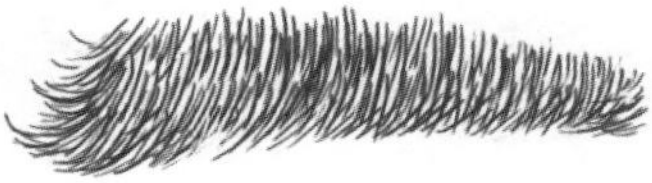

功 獅眉粗濁有威儀。
名 笑爾功名看榜遲。
在 嶽瀆形神無配合。
晚 空空如也更分離。

【臥蠶眉】

聰 臥蠶彎秀早成名。
明 一片靈機甚可驚。
且 矮屋文章稱妙手。
貴 雁行多恐不如情。

【虎眉】

富 粗大虎眉最有威。
壽 平生膽志任施為。
而 遐齡遠大刑兄弟。
昌 絕妙形神富貴推。

【清眉】

兄 秀彎長順過天倉。
弟 繡虎雕龍智異常。
登 冠世文章登甲第。
科 弟恭兄友姓名揚。

【大短促眉】

奸 短眉不秀若無眉。
詐 詭譎奸謀祇自疑。
貧 壽骨稜稜花甲數。
勞 兩睛混雜定身危。

【論眼】

眼代表三十五歲至四十歲，是看感情、意志、忠奸、賢愚、決斷力、身體強弱、運氣好壞之處。眼是面相中最重要的部位，尤其是瘦而長的面形，如果沒有一對黑白分明、光采有神的眼睛，相信一生不容易出人頭地，能夠做到衣食豐足已經不錯；但面闊而寬者，即使雙目無神，一生也會衣食無憂，如果雙眼黑白分明而有神，更是人中之龍。

觀眼的要點——眼神

看眼，以眼神為重，眼形為次，眼神足則一生必有成就，尤其是在行眼運的三十五至四十歲間，運程會最為強盛，而眼形則主要反映不同的個性而已，與成功不一定有直接關係。由此得之，不管眼大眼細、眼長眼短，其重在神，又眼神亦反映健康。眼黑白分明而有神者，五臟必佳；矇昧無神者，五臟必差，或有長期疾患。另外，眼神足者，決斷明敏；眼神昧者，如不睡似睡、不醉似醉，好像未睡醒一樣，一生必拖泥帶水，遇事難斷，事業如是，感情亦如是。如果在三十五歲前已經結婚，在眼運時容易因出現婚外情而不能自拔，此乃其優柔寡斷之故，故看眼，首重眼神。

有神

眼即使有神，亦分神藏與神露——神露者，快起快落；神藏者，福祿連綿。

【神露】

雙眼看上去炯炯有神，但眼神較急，有壓人之感覺，即謂之「神露」。神露之人，性格較急，急於求成，即使有日得時運之助而達致成功，亦可能因步伐不穩固而很容易從高位跌下來，要東山再起。唯有日後待有了人生經驗以後，眼神才有機會變得內斂，由神露變神藏。

【神藏】

神愈藏，福愈久，神藏之人精神內斂，不會精光外射。得此相者，雙眼無神光外露，但久看卻愈有精神，久坐亦無睡意。這類人明敏果斷，不會急於求成，步伐亦較穩固，卻又不乏進取心，故成功以後即使走向逆運亦能久守，跌倒要從頭再起的機會不大，是福分較為持久的人。

眼神流露

「眼神流露，非奸即盜。」如眼神突然露光，且眼帶淚水，即為眼神流露；至於「奸」是姦情，「盜」是劫盜。在現代社會，如果見到一個人眼帶淚水而面帶笑容，應該是剛認識了一位心儀的對象，但仍在追求階段，還未真正走在一起，惟成功的機會相當大。

如眼帶淚水，面帶愁容，多是犯了官非，等待審判。兩顴暗黑，罪成機會相當大；兩顴明亮，印堂色潤，有機會免牢獄之災。

無神

雙目無神，是指其人不睡似睡，不醉似醉，雙眼看上去常似睡覺一樣。各位乘坐公共交通工具時，會看見有些人坐着睡覺時睡得東歪西倒，除非那天特別特別累，否則也是無神的表現，因有神的人坐如釘石，閉目養神時精神狀態也是不錯的。

一般而言，無神的人佔較大比例，為十之八九，又無神與缺乏睡眠並沒有直接關係，除非長期睡眠不足，才會影響到眼神，令之望上去不夠神采。

雙目無神的人一生做事優柔寡斷，遇事遲疑不決，問他事情總愛顧左右而言，不會明白地給你一個答案。這等人在社會上能取得成功的例子不多，尤其是從商者最重眼神，反而從事專業的即使沒有眼神也能夠衣食豐足。

所以，如發現自己雙目無神，就最好從事專業工作或在大機構發展，如想從商的話，亦適宜與一個眼神足的人合夥，這樣才容易取得成功。

又眼神弱的人，五臟一般不太健康，宜多做能強化五臟的運動。內臟強化了以後，眼神自會逐漸改善。

眼睛部位名稱

上眼瞼

上眼瞼為田宅宮，主要察看家人，尤其是父母在自己心目中是否佔很重要的位置——田宅宮愈窄，與家人緣分愈薄；田宅宮愈闊，則常常會掛念家人，但這與家人對他好不好是沒有直接關係的。

又一般女性的田宅宮比男性闊，東方人又比歐美人闊。

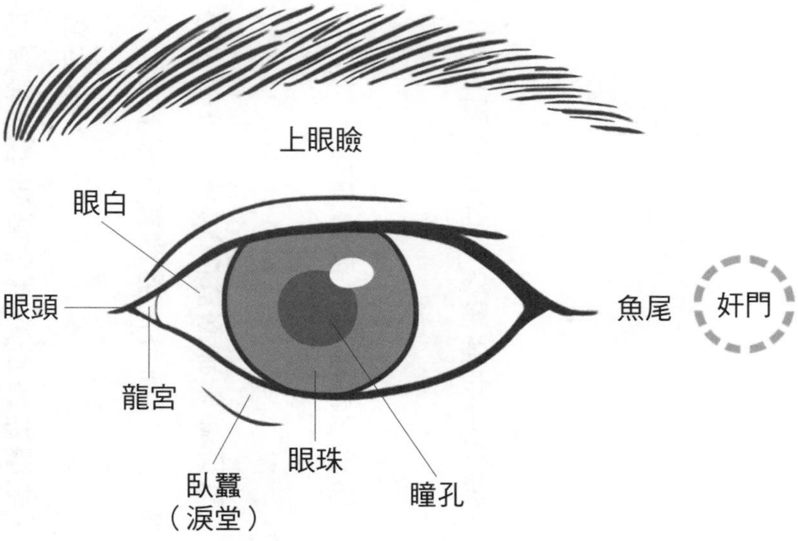

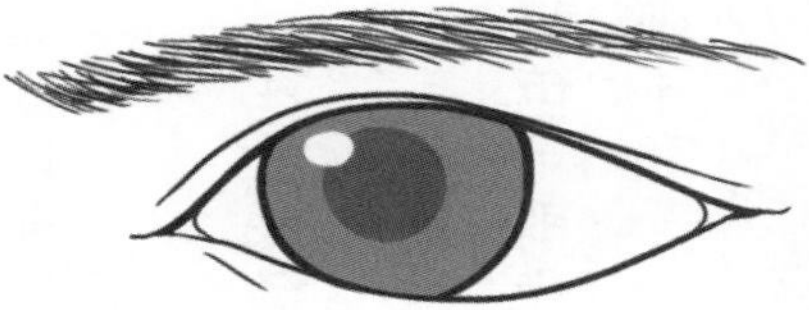

田宅宮窄

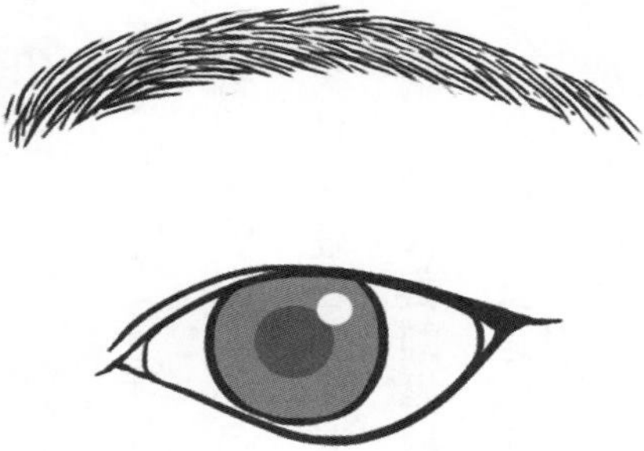

田宅宮闊

魚尾、奸門

魚尾是眼尾伸延的位置，奸門是魚尾後面有骨的位置，是察看夫妻感情的地方。魚尾色澤明潤或潤白，夫妻感情佳；奸門飽滿、不太凹陷，則夫妻身體強健，感情亦佳。

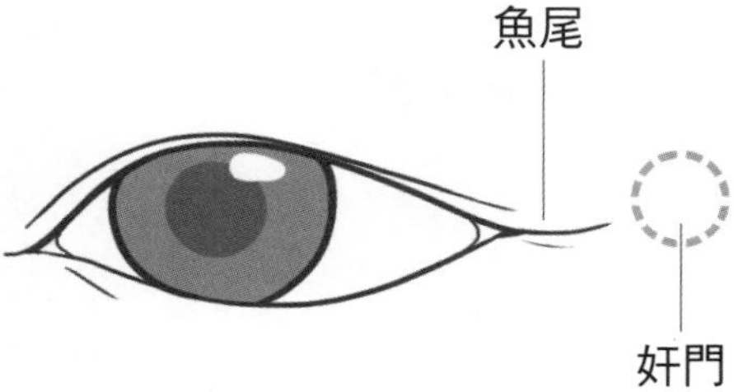

【魚尾紋多而長】

魚尾紋多而長的話，會穿入奸門位置，而奸門是察看配偶健康的部位，故這樣代表配偶身體欠佳。在古代，其人可能會喪夫喪妻，在現代則代表離婚機會大，又眼尾下垂者意義相同，要過四十歲後結婚才能避險，有痣瘢亦同。

【魚尾色暗】

長期色暗代表配偶體質差，而短期現暗色，則代表生病；如見啡色，就代表爭吵不和。

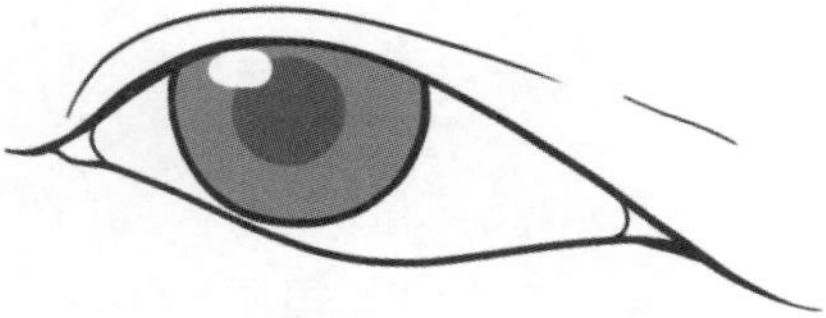

眼尾下垂

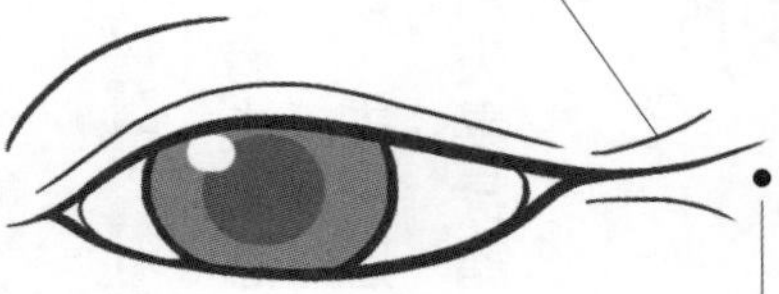

臥蠶

臥蠶是察看子女品質是否優良，好養還是難養之處。

【臥蠶飽滿】

臥蠶飽滿顯現，好像一條白色的蠶蟲臥在眼下一樣，代表子女出色，必有所成。

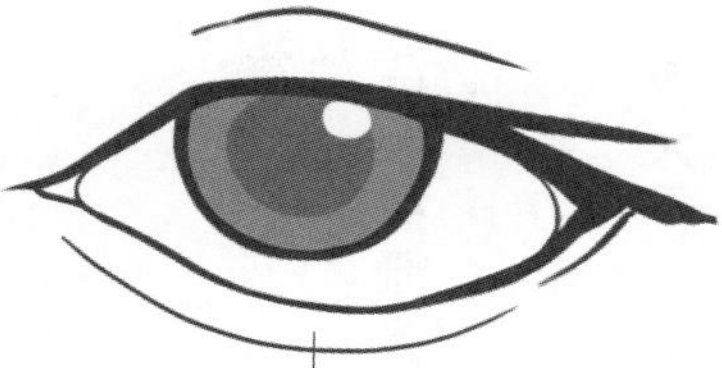

【臥蠶平坦】

子女一般，色黑則子女身體一般，以左為男，右為女，男女相同。

【臥蠶現網紋】

臥蠶現網紋者，難有子女或子女難成，且身體必差，感情亦差，為有子女如無之相。

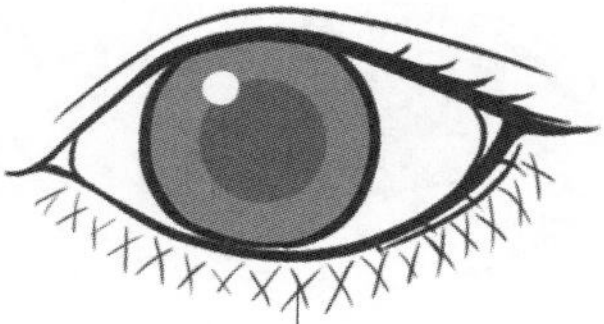

【臥蠶有痣靨】

臥蠶有痣，為子女無緣之相，左眼為男，右眼為女。

眼頭下，代表大仔大女；眼中下，二仔二女；眼尾下，三仔三女。現代人子女一般比較少，故在眼尾下即使有痣，但如果沒有第三個仔或女的話，則並無影響。

又無緣的意思，是指少見面或不投緣，現代可能代表子女要外出讀書，較早分離而已。

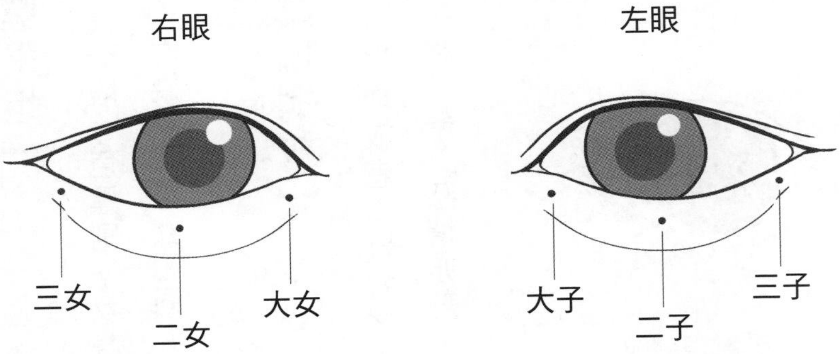

瞳孔

一般都是黑色的，無特別意思。

眼珠

東方人的眼珠一般顏色較深，近乎黑色。

眼珠愈深色，親屬緣分愈佳；愈淺色，則緣分愈差，故書云：「黃眼金睛，六親無情」，即緣分薄弱，親情不深的意思。

至於外國人有藍眼、綠眼、啡眼，其實看法相同，顏色深則親情厚，顏色淺則親情薄，只不過外國人的眼珠不是黑色，故此較難分深淺而已。

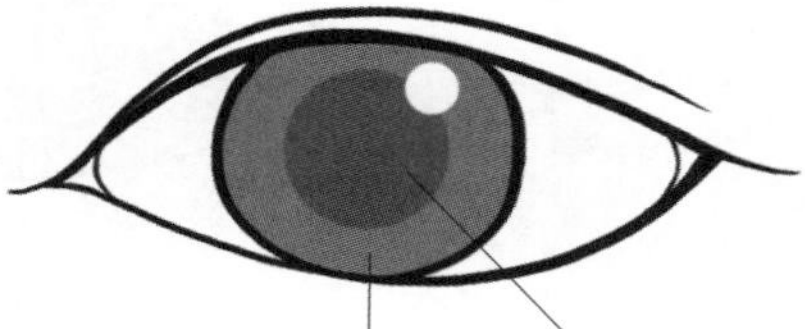

眼白

不論中國人或外國人，眼白都以白為佳，這代表決斷力強，亦反映五臟健康狀況良好，連帶工作能力都會提升；相反眼白混濁，除了反映五臟健康欠佳外，亦代表在三十五至四十歲時容易出現一段戀情。未婚者還好，已婚者的感情難免出現風波；如眼白帶粉紅，其人甚至可能會因這段感情而影響到婚姻關係，或會離異。

【眼白帶黑點】

如痣一樣，代表易有色情事件出現，最好晚一點才結婚，否則在眼運時要小心色情風波。

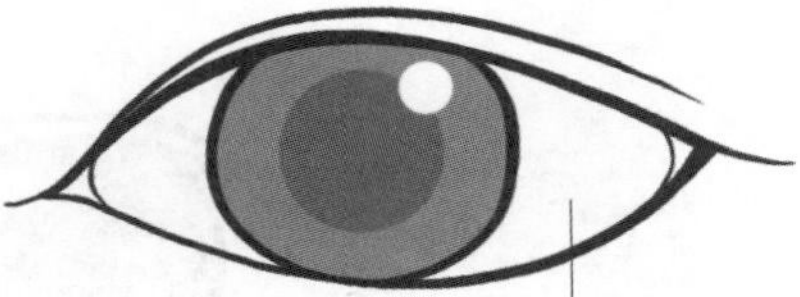

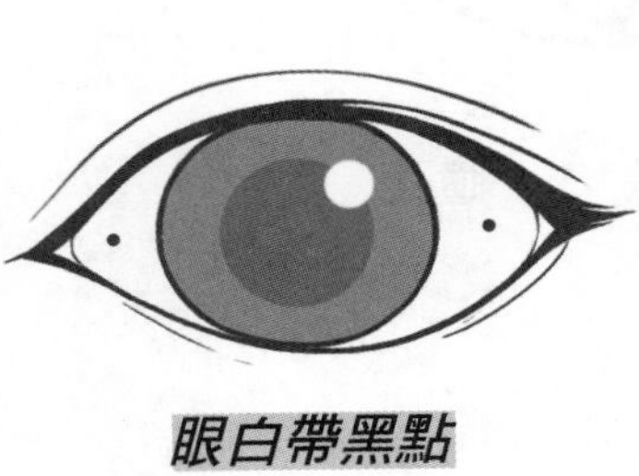

眼白帶黑點

【紅筋貫睛】

「紅筋貫睛，官事重重」，以眼尾有紅絲穿入眼中，並穿至眼珠時最凶，主其人有生命之厄；待紅絲穿過眼珠以後，凶象會漸退。雖然很多相書都有這樣記載，但筆者從事面相多年，發現此象最後並無帶來凶事，故各位可以參考和繼續印證。

反而滿眼紅絲分佈者，定為剛愎之流，主人急躁，且缺乏忍耐力；又如果不是從事勞力工作或因捱夜所致，則代表其人有痔瘡之患。

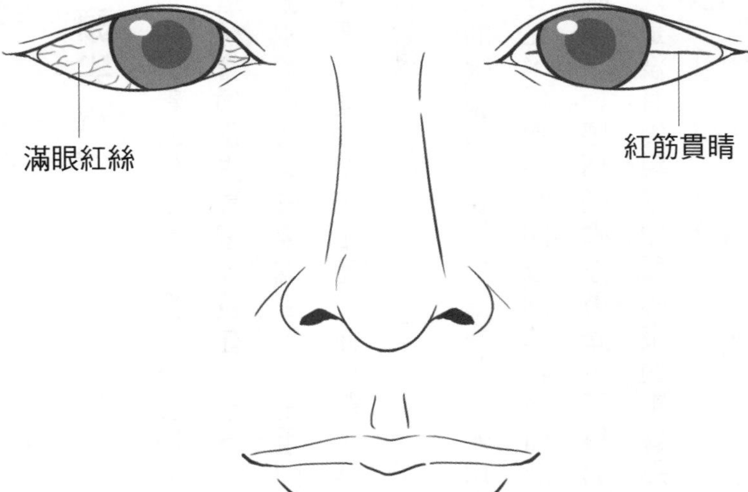

龍宮

龍宮即眼頭內之紅肉，書云：「龍宮破缺，家財歇滅」。何謂「破缺」？眼頭紅肉凸出為「破」，代表四十歲前即使有田產，亦容易在眼運時失掉或者因需要現金週轉而將之賣掉，但拿現金者不一定有破財之憂。

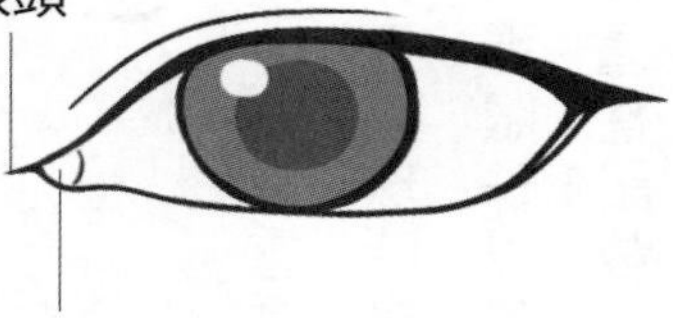

眼頭

【眼頭尖銳】

眼頭對着的位置是山根，最忌帶尖，因為這樣會插正夫妻宮，且在三十五、三十六歲兩年影響到夫妻關係，不是爭鬥，必是疾病，即使是未婚者，亦會對感情產生不良影響。

人的眼頭一般都是尖圓的，尖銳的並不多見，但很多時因眼形的關係而形成尖的眼頭，對感情姻婚亦會產生不良的影響，只是沒有尖銳眼頭所帶來的影響那麼大而已。

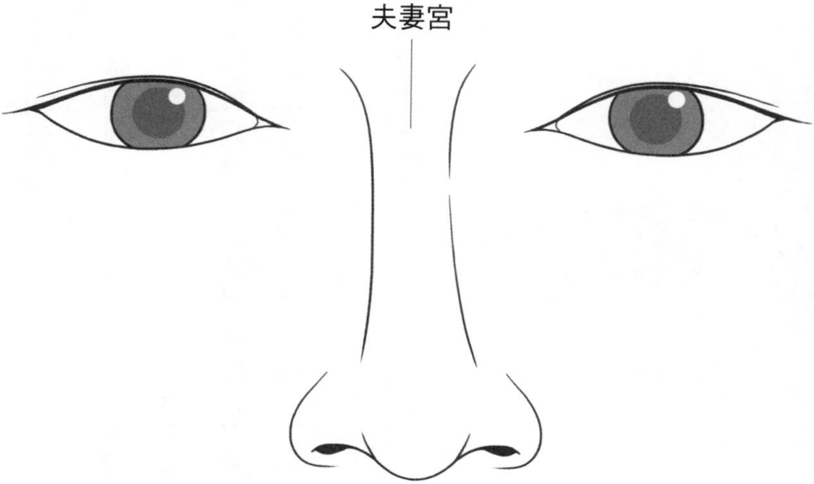

眼頭尖，插夫妻宮

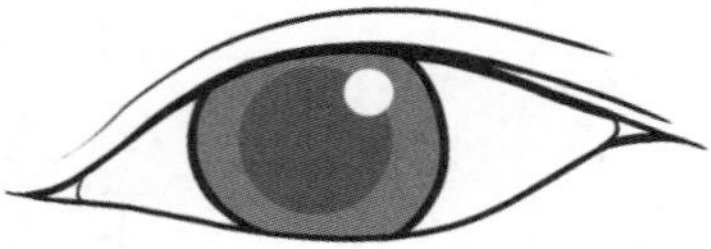

眼頭較長，形成尖角

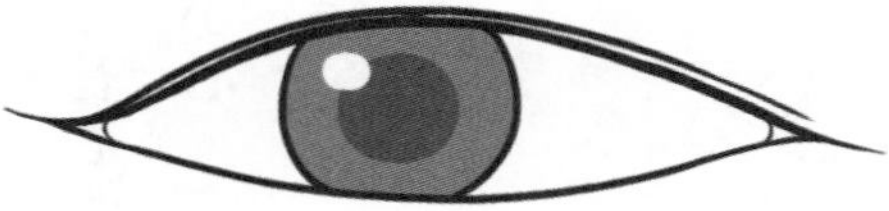

眼形長，形成尖角

【眼頭勾曲】

「眼頭勾曲，經營富足。」眼頭往下勾曲，只要細心觀察，其實也是常見的。這種人善於經營，尤其是在眼運時會有不錯的表現；又眼頭勾曲之眼形，形狀比較美麗，往往容易得到異性之傾慕，亦可列入桃花眼的一種。

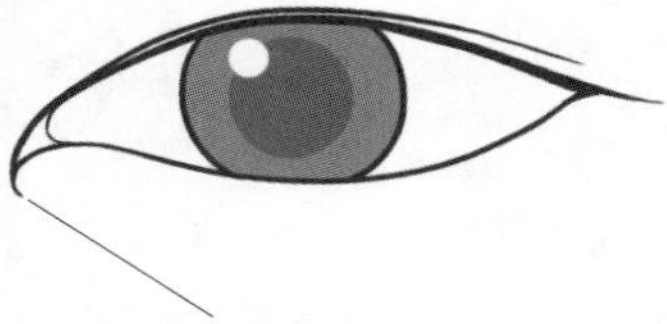

眼頭勾曲

【眼頭有痣】

眼頭有痣，不論靠近鼻樑與否，都容易影響感情，除了三十五、六這兩年本位除外。以九執流年法計算，在右眼的話，二十六、三十五歲要特別小心，在左眼則二十三、三十二時亦要注意。

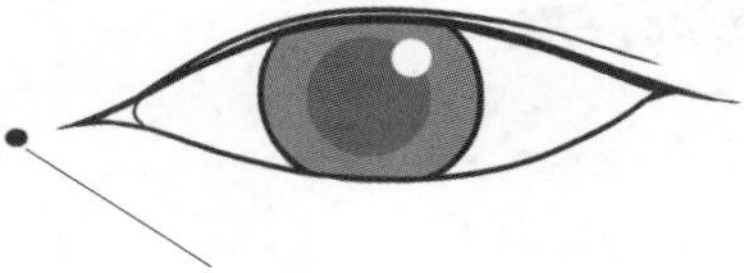

眼頭有痣

眼之形態

雖然三十五、六歲為眼頭，三十七、八歲為眼珠，三十九、四十歲為眼尾，但最重者是眼神。眼神足則這幾年步步高陞，如加上眼睛黑白分明的話，其人甚至能取貴，即行眼運時易得名氣地位。相反，如雙目無神、眼白混濁的話，面闊者還好，面窄者必然運程逆轉，難有所成。但細緻分析，眼頭勾曲之人在三十五、三十六兩年運佳，帶尖則這兩年容易破財，眼頭龍宮露肉是也。

另外，眼黑白分明而有神，在三十七、三十八兩年會突然名利雙收；相反雙目無神，眼白混濁，或帶粉紅，則必然運逢不順，桃色劫難。

眼尾顏色潤澤，奸門飽滿，三十九、四十兩年運程

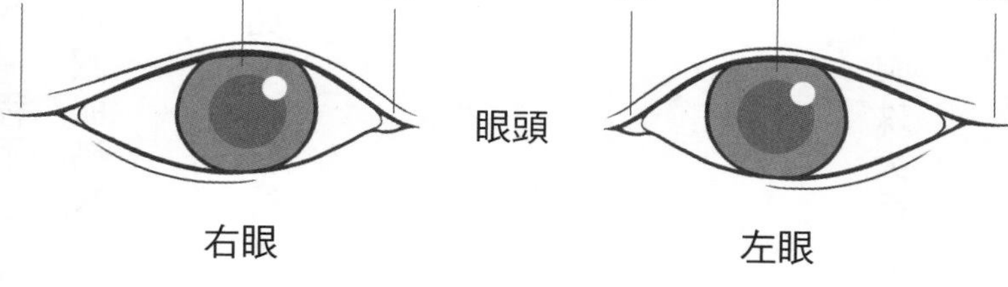

通順，夫妻感情亦佳；相反魚尾多紋，眼尾下垂或奸門有痣瘙，則這兩年運程不通，感情亦容易出現障礙。但總體而言，這仍以有神為佳，如眼有神的話，即使眼頭破缺，眼尾下垂，亦只代表當年會破財及有感情障礙，但整體運氣仍以吉論。

故此，看眼者最重是神，神足，則不論眼細眼大、雙單眼皮、眼形如何，在行眼運時必然過程通順。

桃花眼

桃花眼其實分很多種，有真桃花眼、假桃花眼、桃花劫之桃花眼等。

【一、真桃花眼】

眼形秀長，眼頭勾曲，然後在近眼頭處彎上成新月形，且臥蠶飽滿，眼珠大而黑白分明，是為真桃花眼，為女士獨有的桃花眼。

有這種眼的女性，一生桃花極重，易受人愛戴，即使五、六十歲亦不乏追求者。

【二、假桃花眼】

眼大眼珠大者，一生常有霧水情緣或假桃花。

眼大眼珠大，其實稱為「孩子眼」，人固然長得較為漂亮，且具有孩子的性格，喜歡每事問。如在男性身上，問題不大，女性則容易讓異性誤會她對自己有意思而展開追求。

事實上，這類人只是喜愛每事問而已，並非真的對對方有意思，以致常常把時間浪費在不適合的追求者身上。

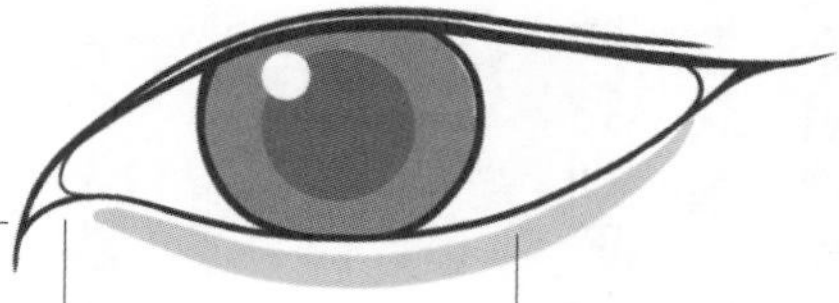

真桃花眼

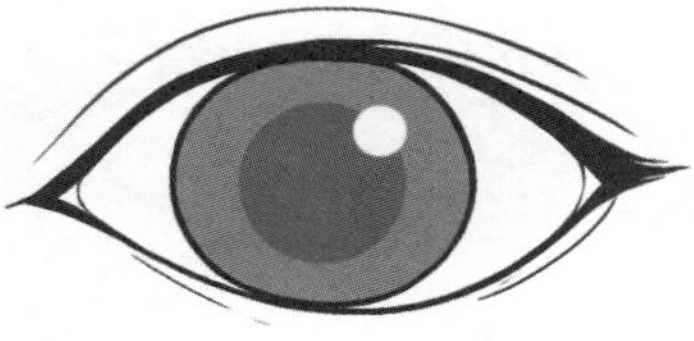

眼大眼珠大，為假桃花眼

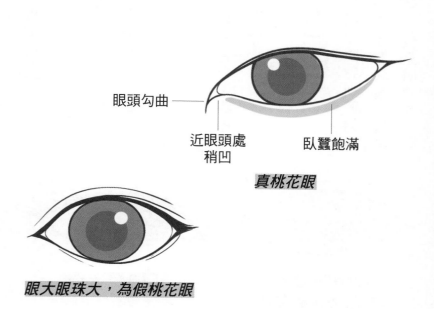

【三、三角關係桃花眼——眼帶淚水桃花眼】

眼帶淚水即眼神流露，如是短暫現象的話，只代表其人出現了心儀的對象，但還未成功開展戀情；唯有天生眼帶淚水，才是三角關係桃花眼。這類人不是與人相分便是與人相爭，唯有希望看看遲一點結婚，看看能否避過三角關係之宿命。遲婚者以過了三十七歲為佳，又這種眼帶淚水桃花眼多出現在女性身上。

如女性眼帶淚水而面帶怨氣，則很大機會被第三者介入關係而導致分手；如面容平淡，則代表自己介入了別人的關係。

【四、桃花劫的桃花眼——眼白帶粉紅】

如眼白不夠潔白，甚至眼白帶粉紅，在行眼運時特別容易出現感情障礙、三角關係，尤以眼白帶粉紅的人情況最為嚴重。究其原因，是這種男性往往偏聽女性的話，不管平常怎樣英明神武，有

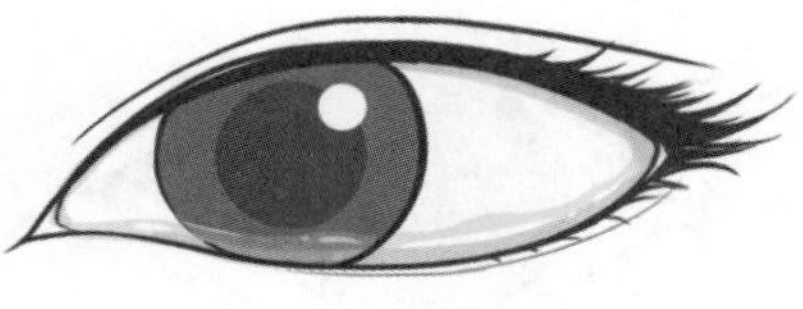

下眼線帶淚光，
為三角關係桃花眼

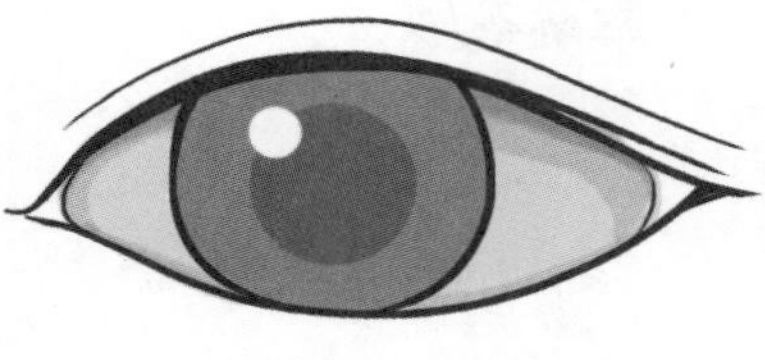

眼白帶粉紅，
為桃花劫的桃花眼

女性在身邊時便容易拿不定主意，以致遇上三角關係時隨即進退失據，影響自己固有的感情。

不過，得此眼相者如在三十五至四十歲結婚，便可以在一生最重的一段感情中完婚，出現離異或三角風波的機會將會大減。所以，眼白帶粉紅或眼白不潔的人，如能在三十五歲後才結婚，很大機會能避過眼運時的感情風波。又此種眼白帶粉紅的桃花眼以前是男性獨有的，但在這數十年下來，女性有這種桃花眼者也開始愈來愈多。

【五、剋夫／剋妻離婚桃花眼】

魚尾紋深而多，名剋妻（夫）紋，因魚尾奸門是看夫妻感情和身體的宮位，如魚尾紋直插奸門，配偶必然體弱多病或夫妻感情欠佳，在種種原因下令二人不能白首偕老。

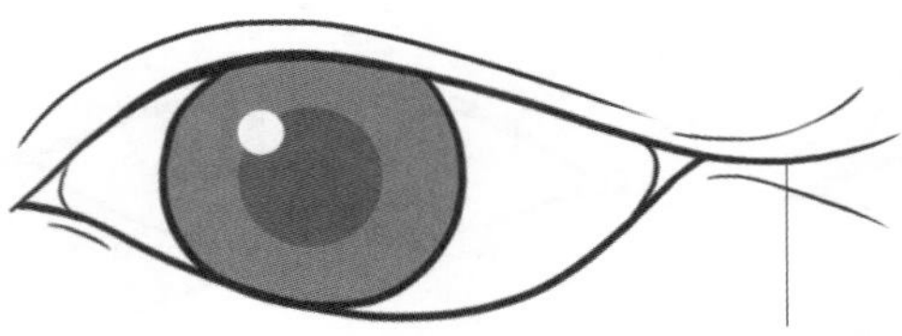

【六、桃花紋】

很多人之所以誤以為眼尾之魚尾紋是桃花紋，主要是因為得此相者，容易有多重婚姻的假象。其人一生可能有三段婚緣，但戀愛或許也只是這幾段，在感情上不一定多姿多彩。

事實上，從眼肚下延伸，並一直橫向至眼尾的線紋，才是桃花紋，有此紋者容易得到陌生人的愛戴，對從事需要經常接觸陌生人的工作最為有利。當然，其人亦會得到異性之愛護，故桃花較多。不過，只要雙目有神，便可將桃花轉化為人緣，不會輕易陷入三角關係之中。

【七、睡眼桃花眼】

上眼瞼下垂並把半隻眼蓋着，也是桃花眼的一種，這種眼大多

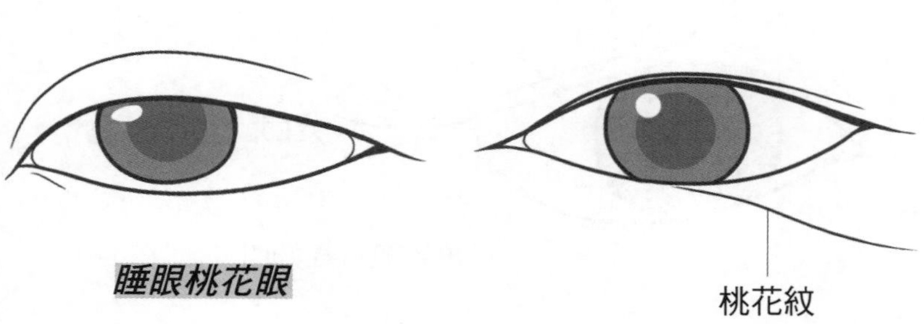

出現在女性身上，主其人一生感情較難得到幸福，很容易與有婦之夫走在一起，而中晚年一般大多是獨身的。

又這種眼的人走路時常常會跌倒，繼而弄傷足部，故要多做一點鍛煉平衡的運動，以免老來因腳傷而影響行動。

【八、獵色桃花眼】

眼秀長而帶淚水，為獵色桃花眼，主為人風流，為求達到目的而不惜花很多時間和手段。

不過，這類人很容易見異思遷，是一個比較用情不專的人，又此種眼以男性居多。

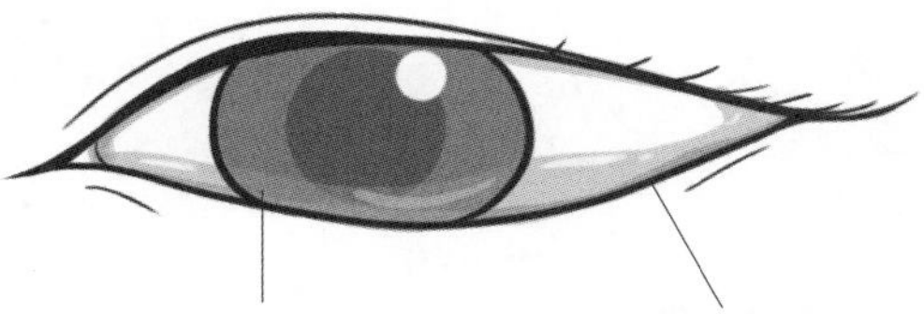

獵色桃花眼

多白眼

【一白眼】

一隻或兩隻眼珠靠向眼頭，形成眼白在另一面，即為一白眼。除了外觀不佳外，一白眼者易父母早拋，即與父母早分離的意思。此外，這亦反映五臟容易出現毛病，宜多做強化五臟的運動。

【二白眼】

這是大多數人的眼，眼珠在中央，左右兩邊露白。

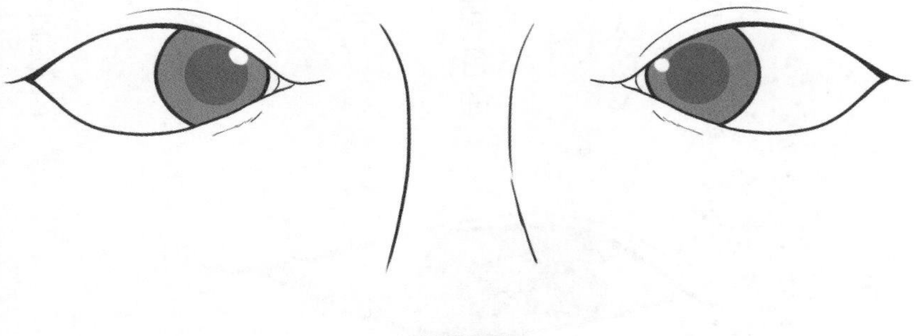

一白眼

【三白眼】

「上白多奸，下白多刑。」三白眼一般是眼珠稍為向上，眼珠下露白，形成左中右皆露白。一般人常說三白眼會死於非命，易見血光之災，但這其實要看盛世還是亂世。太平盛世時，三白眼死於非命的例子不多，即使在香港，有三白眼者為數亦不少。事實上，很多演藝明星都有三白眼，但總不會都死於非命，又眼運是三十五至四十歲，如果真的會死於非命，那麼應該應驗在眼運歲數，若然真的是這樣，就不應見到四十歲以上的人有三白眼了。

所以，三白眼死於非命是一個錯誤的觀念，但易有血光之災卻是對的。在現代社會，三十五

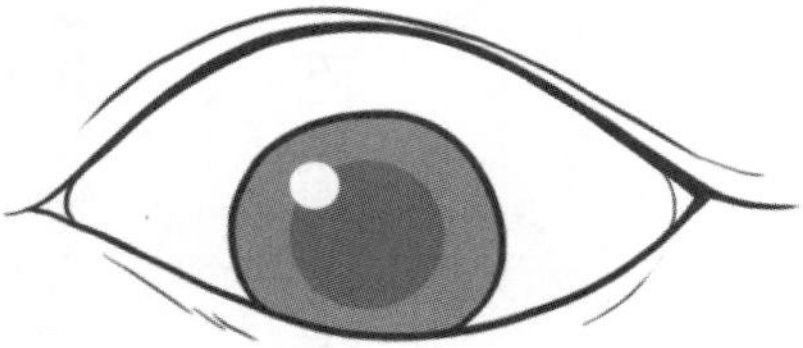

上三白眼

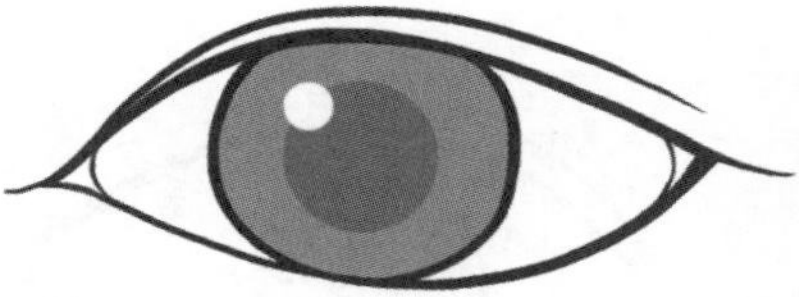

二白眼

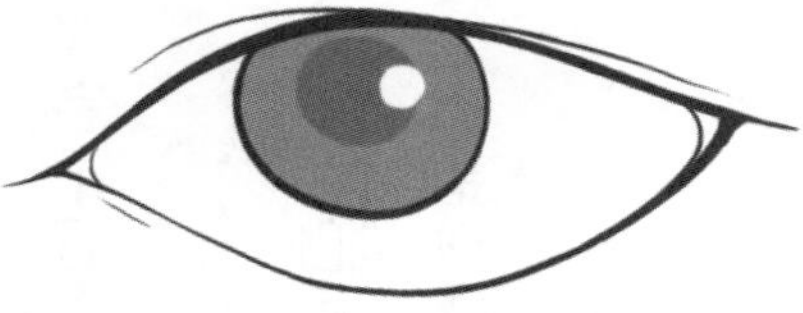

下三白眼

至四十歲產子，一般都會動手術，這也算是應了血光之災，除非是男性，又或者不打算在這段時間生育，才要提防血光之災。

總的來說，在這段時間可捐血或洗牙，流一點血以應損傷，尤其是在三十六歲犯太歲及四十歲眼運結束時最要小心。又三白眼者好勝心強，這既是招禍的原因，也是致勝的原因，故很多大英雄、大豪傑都不難有一雙三白眼。

【四白眼】

書云：「雞犬羊睛莫與逢」，就是說不宜與四白眼之人交往，此乃其眼珠太細之故。眼珠愈大者，心愈善良；眼珠愈細，其心愈狠，如因眼珠特別細而形成上下左右四面皆露白，就會出現四白眼。

得此眼相者，凶險之事比三白眼還要多，加上其報復心重，容易與人結怨，又再進一步增加其凶險之性，唯有靠後天修心

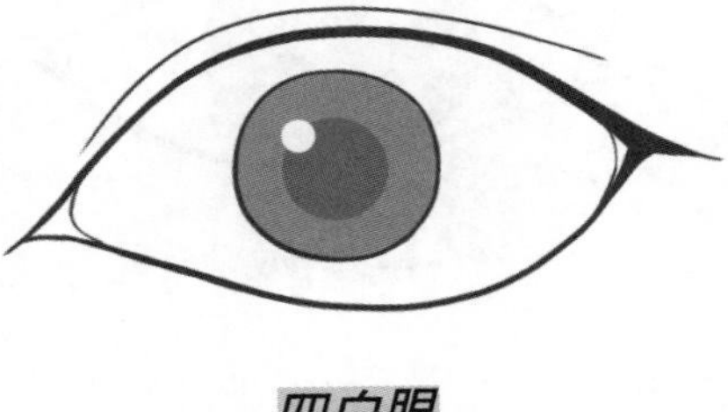

四白眼

積德，讓眼神慢慢變得柔和，凶險之事自會減退。其實相由心生是對的，因眼善心善，眼惡心惡，眼能反映人的內心思想。

眼珠相法

【眼珠不平衡】

對於眼珠是否平衡，一般不懂看相的人是注意不到的，他們只會感覺到其眼神或眼形有些異樣，但又說不出所以然。不過，只要加以細看，就會發現其左右眼珠是不對稱的，可能一隻眼珠在中央，另一隻偏左或偏右。這種眼其實並不罕見，細心觀察的話，往往不難發現。得此眼相者，一般祖上富貴，但可能曾殺人，最後死於非命；而祖上之陰德會反映在孫輩身上，所以中國人相信輪迴報應是有原因的，只是沒有一般人想得那麼膚淺而已。

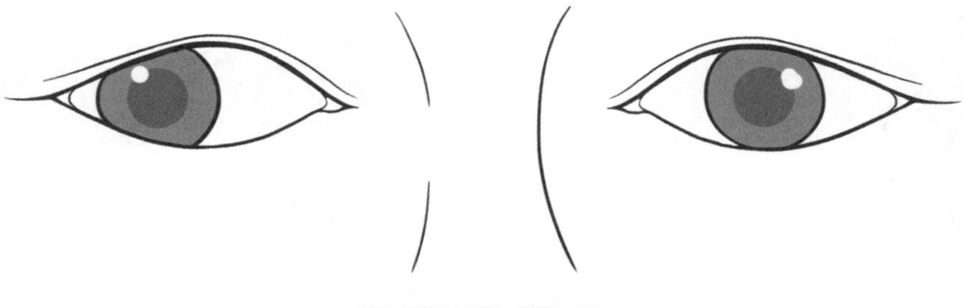

左右眼珠不平衡

【露眼】

露眼即眼珠外露，如果不是受病變或深近視戴眼鏡所影響，而是眼睛自然外露的話，表示其人的言語機關出現了毛病，引致說話停不了口，不管有用沒用或是謊言都說，總之胡言亂語。與這等人談話時，要知道他們有這問題，不要過度輕信。

又這種眼相以女性居多，男性如有這種眼配圓面形，代表其人詼諧，愛說笑話，有幽默感；但配瘦面形，再加上目露凶光，則常有刀槍之險及意外損傷。

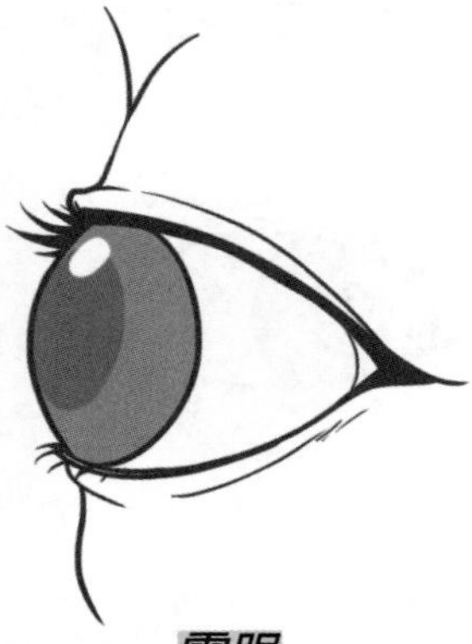

露眼

眼窩與眼形

【深陷眼】

很多歐美人士的眼窩是凹陷的，但額與眉骨卻是凸出的，這代表其人與家族緣分薄弱。如雙目有神，代表重現實、意志力強，行眼運時有不錯的表現；但眼睛如凹陷又無神，則其人必無大志，難有所成。

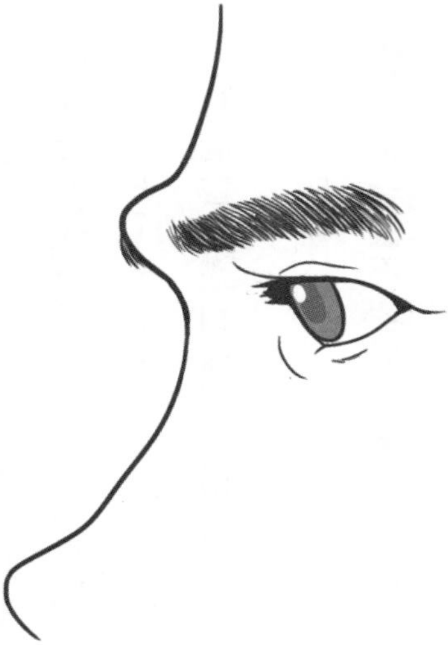

深陷眼

【眼長】

眼長者，個性較慢，性格較為柔和，是一個較容易相處的人。

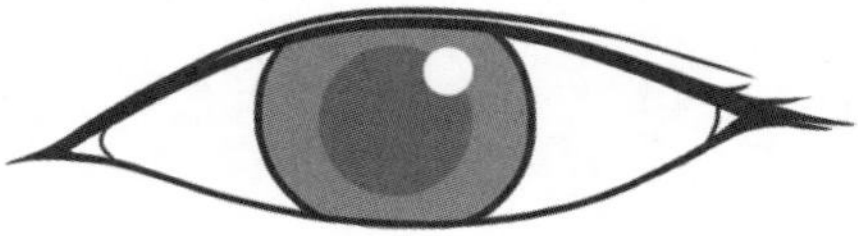

眼長

【眼細而長】

「何知此人美貌妻，但看兩眼細而長。」不要小看「矇豬眼」，得此相者，分分鐘給他討一個靚老婆而令你羨慕不已！事實上，不單眼細長的男性會這樣，就連眼細長的女性，亦有機會結識到樣貌不錯的男性。

不過，眼細的人一般比較內斂，事事喜藏於心中，不作表露，是一個不容易被猜透的人，且為人較為小器，易記仇。

【眼短】

眼愈短，個性愈急，這種人往往說做就做，有時難免太過衝動，容易碰釘。不過，他們的機心不重，是一個比較真及容易看得透的人。

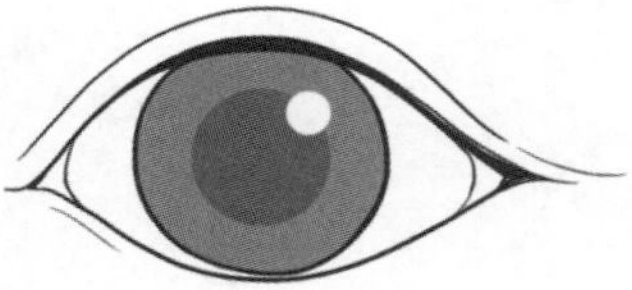

眼短

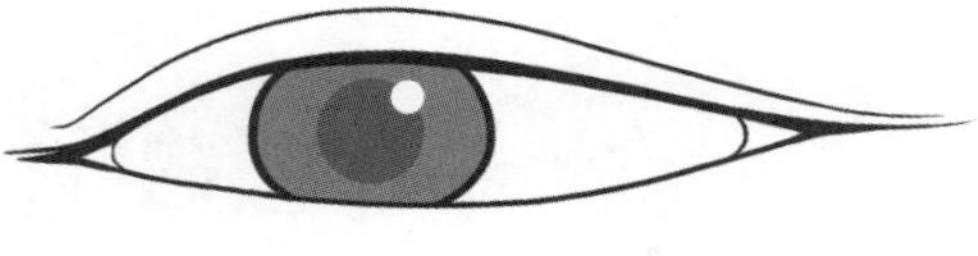

眼細而長

【眼大】

眼大的人，善於表達感情，為人亦較重感情，且思想天真，性格善良，是一個不錯的朋友及戀愛對象。然而，他們有時對別人提防心不重，且較富同情心，故此容易給一些有心人欺騙——騙財，乃至騙色，雙目無神者要更為小心。

眼大心善重感情

【眼細】

眼細的人感情內斂，事事喜歡藏於心中，即使有不滿也不會當面表示，加上其人個性不夠豁達，以致容易把一些不開心的情緒積聚，到忍無可忍時便會突然爆發，悲觀的人甚至容易演變成情緒病、抑鬱症等。

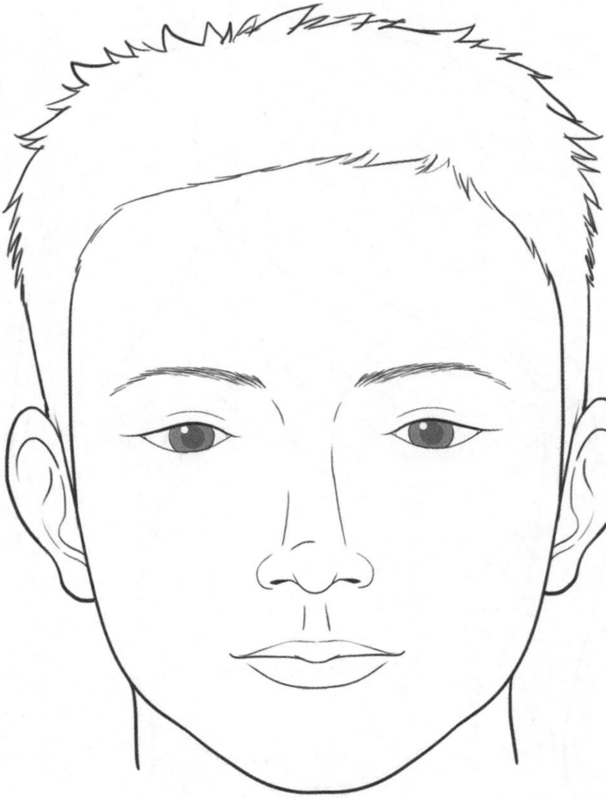

眼細內斂

【眼細而有神】

眼細而有神的人，個性內斂，明敏果斷，足智多謀。這類人在逆境時會一聲不作，到順境時就平地一聲雷，是一個比較容易成功的人。

【眼細而無神】

眼細而無神者，性格內斂、記仇、無大志，一生常為雞毛蒜皮的小事情爭執，以致虛度一生。這類人怕吃小虧，事事斤斤計較，運順時不可一世，小人得志；運逆時一沉百踩，此乃人緣不佳之故，一生難成大事。

【鳳眼】

鳳眼者，眼秀長而眼尾向上，這種眼形在東方人間較為常見，西方人則較為罕見。眼一定要長才能稱為「鳳眼」，否則只是眼尾向上而已。鳳眼一般入貴相，以女性比例較多，男性間或有之，但不免較為女性化。鳳眼者普遍富貴雙全，婚姻亦多美滿，又古代有鳳眼之女性，丈夫一般都是有地位的，而有地位的人大都三妻四妾，故婚姻雖然美滿，惟丈夫會較為風流。

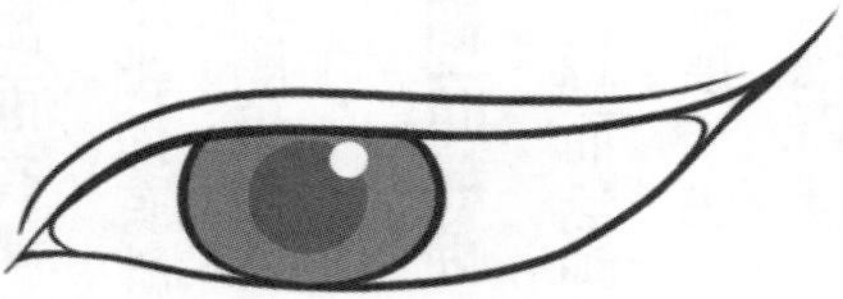

鳳眼

【假鳳眼】

一般眼形較細、較短，只是眼尾同樣向上而已，是不難分辨出來的。擁有假鳳眼的人，名氣地位一般，最多只是衣食豐足，且婚姻多不美滿，容易幾度作新娘；至於男性有假鳳眼，主下流好色。

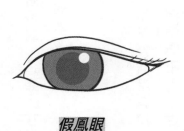

假鳳眼

【龍眼】

龍眼即眼大、眼形圓而長，眼球微微凸露，此眼以男性居多，亦為貴相，主富貴雙全。不過，有龍眼的人並不常見，因眼大而凸露的眼，一般眼形較短。另外，龍眼亦有皇帝的特色，主其人三妻四妾，是一個比較風流的人，常會幾度作新郎。

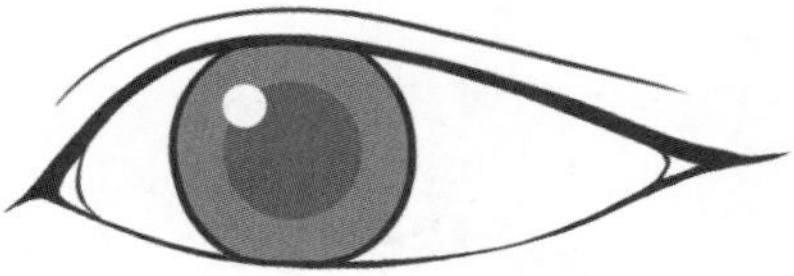

龍眼

【八字眼】

八字眼好像八字眉一樣，即兩隻眼斜生，眼尾向下。八字眉配八字眼者，特別有利從政，在政要面上不難發現八字眼。然而，女性有八字眼不利姻緣，男性有八字眼則一般懼內。

八字眼

【眼尾下垂】

很多人因後天悲觀情緒所影響，而形成眼尾下垂。眼尾下垂，不利姻緣，尤以女性為甚，她們在三十九、四十歲時，很多時會萌生離婚念頭。如不想離婚的話，在那兩年要特別小心，切勿因一時衝動而離婚，過後又自己後悔。

【眼尾隨心轉】

眼尾會因情緒悲觀而向下，但又會因內心樂觀歡欣而轉向上。筆者有一客人的眼尾曾因工作不開心，而日漸往下生長；及後到她行運時，上司退了休，她便每天帶着愉快的心情上班。幾年下來，她眼尾的紋竟然變回向上生長。

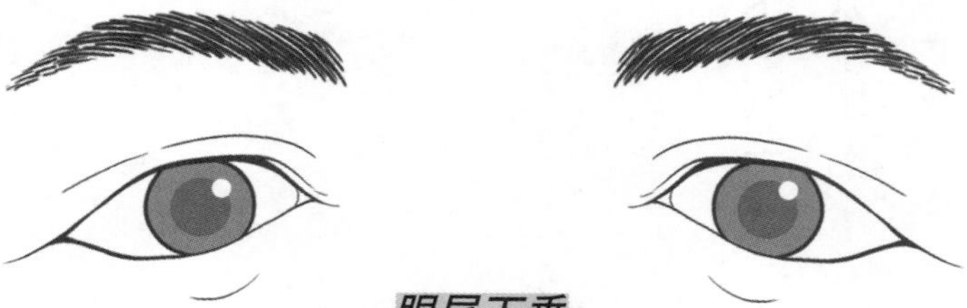

眼尾下垂

人樂觀了，眼尾由向下轉回向上

【眼尾如刀裁】

文章有價，眼尾如刀裁往往很容易被看錯是八字眼。這種眼是正常橫向生長的，但因上眼瞼的雙眼皮過長，長於雙眼三分一以上，令雙眼看上去好像八字眼一樣。筆者的雙眼就是這種，常常給人誤會是八字眼。

眼尾如刀裁，其實是指眼尾好像用刀畫了一條長痕，形態是整齊的。隨着一句「文章有價」，相信不用解釋了。

【蝌蚪眼】

蝌蚪眼的形狀為眼圓尾尖，像蝌蚪一樣。得此相者，做事有頭威、無尾陣，處事耐力不持

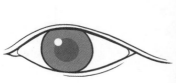

眼尾如刀裁

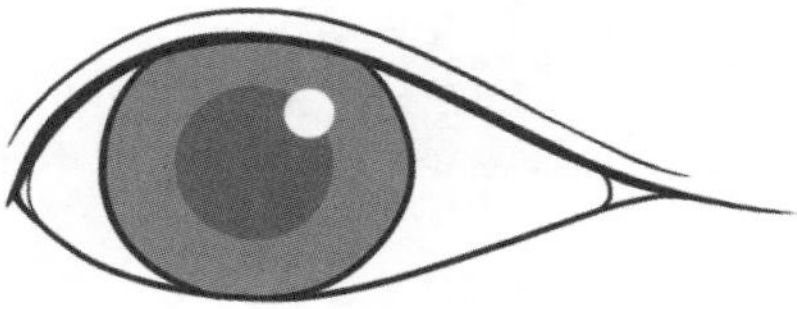

蝌蚪眼

久，與這種人合作要做好心理準備，因他只會在開始時落力參與，之後便漸漸疏離，好像不關自己事一樣；又或者合作做生意，到需要金錢時他便會退縮，這種眼形以女性居多。

【象眼】

象眼之相，為眼圓眼細而短，且眼上有多重眼皮，一般眼帶淚水，為感情不定之徵，不是離異便是三角關係，又或者一直單身，找不到終身伴侶。因此，這類人如配上不正常姻緣，會比較容易維持。

又象眼之人，心地善良，富人情味，這種眼以女性居多。

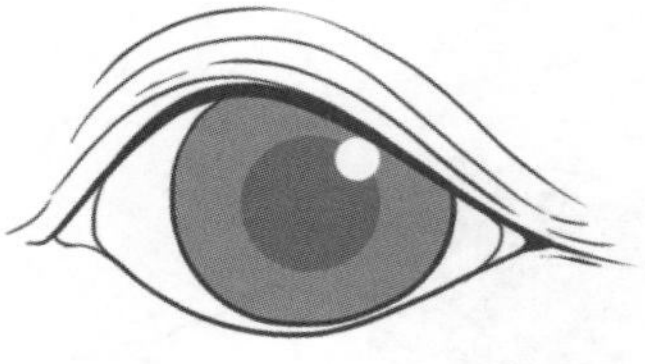

象眼

【三角眼】

【上三角眼】

上三角眼，是指上眼瞼近眼頭處凸起呈三角形。得此眼形者，每喜佔別人便宜，但最終往往反過來受騙，尤其在三十五、六歲這兩年，最容易因受騙而招致金錢上的損失，故宜多修心積德。心改自然相改，如此望能免受騙之苦。

【下三角眼】

一般因年紀大，下眼瞼鬆弛下墮而形成下三角眼。有這種眼形的老人，最容易受騙，如果家中老人家雙眼如此，記得不要讓他身上攜帶太多現金，以免給騙徒有機可乘。

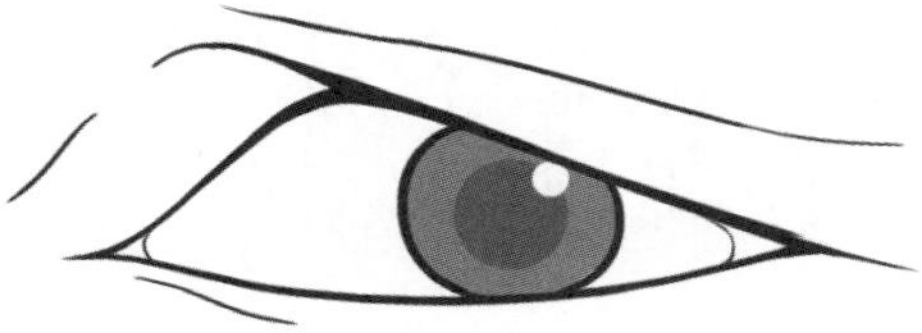

上三角眼

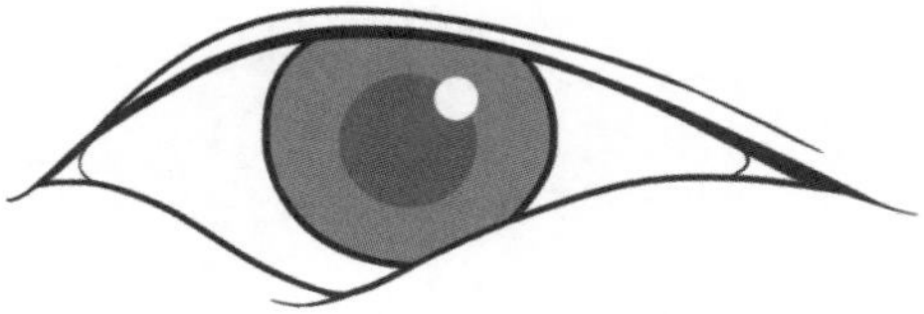

下三角眼

雙眼距離

【雙眼距離闊】

雙眼距離一般以一隻眼左右的長度為正常，兩眼距離超過一隻眼甚至一隻半為之距離闊。得此相者，印象力佳，即使是很久以前見過的人或事物，再見之時，他都很容易認出來，因為眼前事物已經像照了相一樣，深深地印在他的腦海裏。這種人最適合從事繪畫等藝術創作，因為他經過訓練後，很容易就能把腦海中的印象繪畫出來。

【雙眼距離窄】

雙眼距離窄，即雙眼距離小於一隻眼睛的長度。得此相者，觀察力強，容易洞悉別人內心所想，是一個不容易

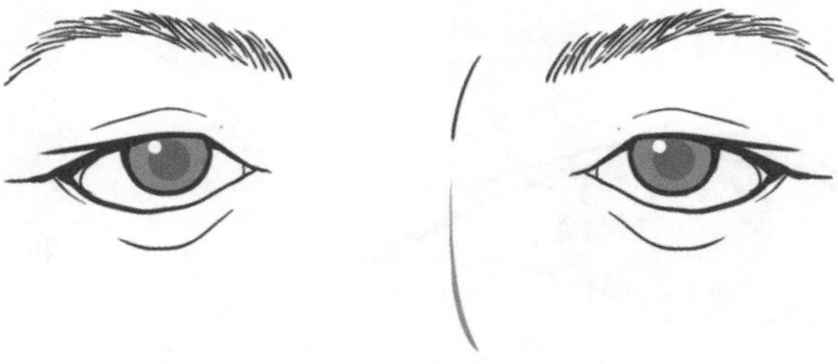

雙眼距離闊

被人欺騙的人。如能從事人性的研究或偵探性質等工作，必能有出色的表現。

兩眼高低不平衡

很多人的雙眼是不平衡的，但只有相距程度很明顯，一眼就能被人看出來，才可以歸類為兩眼不平衡。這種眼的人在行中年眼運時，運程會較為反覆，亦不利感情，感情一般要過了四十歲後才會較為穩定。

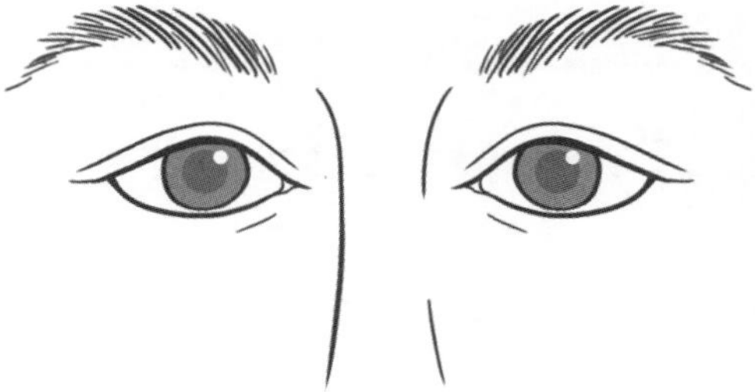

雙眼距離窄

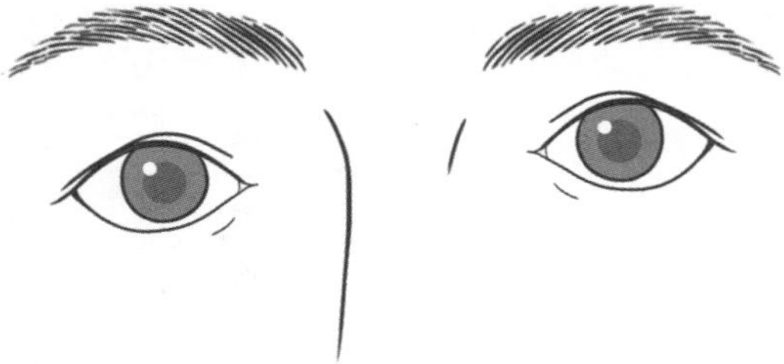

雙眼高低不平衡

單雙眼皮

【雙眼皮】

雙眼皮的人，善於表露感情，為人亦較為熱情，相對容易表達感情。

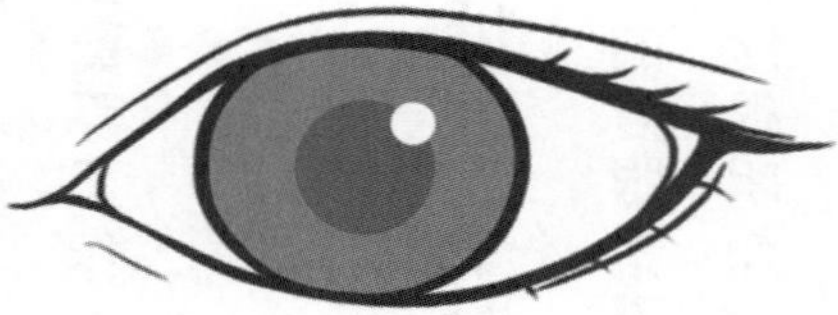

雙眼皮

【單眼皮】

單眼皮的人，感情內斂，不善於或不喜歡把感情表露出來，不是一個容易猜得透的人。

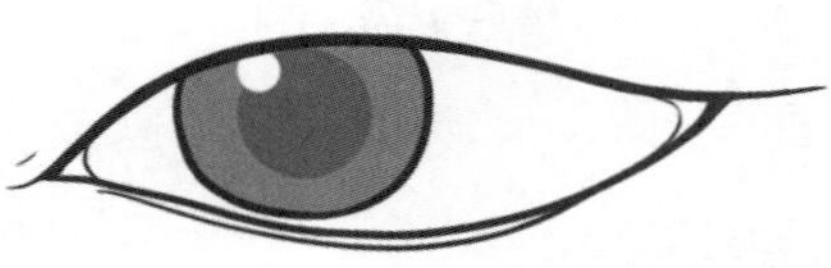

單眼皮

【一隻雙，一隻單】

這種眼皮是常見的，照左眼三十歲前、右眼三十歲後去判斷就可以了。

至於眼皮時雙時單者，可以斷其人時而熱情，時而冷淡，情緒容易不穩定，是一個比較矛盾的人。

一隻雙眼皮，一隻單眼皮

其他相法

左眼小，知君怕婦

一般學相的人以左眼為男，右眼為女，認為左眼小是怕老婆，右眼小是蝦老婆，這其實只是想當然的相法，筆者印證過是不對的。

眼皮連續眨不停

有謂：「含笑知是心不誠。」一個人與你說話時，如果很緊張的話，會不停眨眼，但一般面容也會是緊張的；但如果他不停眨眼，而表面裝笑，就代表其人在掩飾內心的緊張情緒，他很有可能在說謊。

視高心必高

「視高」即廣東人俗稱的「白鴿眼」，代表其人看不起人，這是反映內心心態的下意識表現。

耷頭腦，算死草

雙眼常望地下的人，如不是因為煩惱纏身，而是一直都是這樣的話，就是一個工於心計的人，不太值得與之交心。

左顧右盼，流視不定

很多相書或說相者都說這種人不老實、靠不住，其實筆者有時亦會這樣——當面前的人太煩，話不投機，又或者出現一個不適合的對象而不識趣地糾纏，我想你我都會顧左右而言。所以，這樣只可以判斷此人無心與你談話而已，終止話題就各不相干了。

眼細面大，有殺難消

眼小面大者，有財多劫，因眼小面大的人，記仇、報復心重，一生災禍自然多。至於眼大面小的人，思想天真，無機心，且容易信人，被人騙財的機會自然大增。

睡不合眼

睡不合眼，即睡覺時眼睛打開，見到眼白。這類人一生易見損傷，但他們不一定如相書所說，死於兵刀之下，因為這還要配合其所處的地方，到底是亂世還是盛世。

瞬目而後語

瞬目而後語的人，必有機心，他們事事小心，雖然不太真誠，但不容易犯錯，懂得保護自己，大城市常見之。

語對人說眼不對人

這類人疑心極重，無心對人，為人較為自利。如印堂削陷或有紋痣，三十歲時易有一關。

眼神強弱，男女主次

男女相處，必是眼有神者為主，眼無神者為次，夫婦亦然。故此，觀其神便知主次，尤其在談生意時，會更容易掌握。

古訣論目（一）

【眼為監察官捷徑】

天得日月以為光。日月為萬物之鑑。人憑眼目以為光。眼目為萬事之靈。眼目猶日月也。曰太陰太陽是也。左眼為日。父象也。右眼為月。母象也。寐則神處於心。寤則神依於眼。是眼為神遊息之宮也。觀眼之清濁。可以見人之善惡。眼要神藏不露。黑白分明。瞳仁端正。光采射人。乃監察官成矣。故欲長而深。光潤者必貴。黑如點漆者聰慧。含神不露。灼然有光者富貴。細而深者長壽。兼性奸僻。浮而露睛者夭死。大而凸圓似怒者促壽。凸暴流視者。淫盜而夭。眊然偏視者。不正之人。眼睛黑白分明。魚尾俊俏者。名鳳眼。主人好酒聰明。圓如光采者。名龍眼。圓眼大而有威者。名虎眼。眼如含笑。上下雙弦者。名桃花眼。若神光流射。外淫生事。四畔白多黑少。如死人樣。略視上者。為羊眼。兇惡性狠。必不善終。眼細圓黑。仁帶青者。名蛇眼。主刑剋。心惡不孝。四畔白多。眼睛昏暗而不光黑者。名死魚眼。雙瞳碧方者。名神仙眼。婦人三角眼。其性殺夫。近視眼及望夫眼。人多虛詐。杏子眼。婦人謂之千夫殺。眼深而圓。黑多白少者。聰明。三教皆通。眼有紅光。如閃電者貴。赤絲貫睛者惡死。視定不怯者其神壯。羊眼厄孤而狠。短小者愚賤。細起者性急。眼下臥蠶者。主生貴子。婦人黑白分明端重。赤色者產厄。偷視者淫蕩。神定不流者。富福全美。大抵眼不欲怒。縷不欲赤。白不欲多。黑不欲少。視不欲昏。神不欲困。眩不欲反。光不欲流。其或圓而小。短而深。不令之質也。兩眼之下名子宮。欲豐滿不欲缺陷。上下堂平正肉滿者主福。上下堂深者無子。有亦刑剋。上堂有紋痣及缺陷者。有子遠出。下堂或有直紋穿破者。主剋兒女。臥蠶高起者多子。臥蠶光潤者生貴子。臥蠶枯槁者孤。眼白多而神流者。主不聚財。眼露而神光流射者必死。羊睛而白多者孤。婦人難為公姑妯娌。羊眼凸睛者。性狠而壽。露睛結喉者心毒。眼白黃者。性毒淫夭。男剋妻。女剋夫。眼有紫塊。心內有毒。眼眶圓者。多招是非。滿眼淚光者。主孝服。眼深入窠者。假善好佛。眼上弦高。下弦低。難為子。眼下有骨起者窮賤。亦名奴僕骨。黑大白少。有壽有權。上堂薄而睛露。主骨肉不和。剛強招是非。又孤刑。眼光明而下堂厚者。剛中有柔。恐時有變。凶事化吉。兩眼大小。骨肉相刑。淚痕下一路深陷至地閣。主一子破家。昏若塵鏡者將敗。缺陷有子隔角拗性。眼尾有痣者不吉。尾深者妻有疾。眼尾直紋一兩路者剋妻。眼尾有十字紋交叉者。主妻自縊。眼下井紋者。主自縊。眼下走蛇紋。主害子孫。年老方見。眼望高者志高。望遠者志遠。眼正者心正。眼斜者心邪。眼善者心善。眼惡者心惡。眼直者損人。顧上者主傲僻。斜視側視者性剛。貪心利己。祖業難招。細深偷視者。機關奸盜。凸露而大者兇狠。顧上覰下者。思前慮後。顧視閃爍者。為事揮霍。斜視者心懷嫉妒。顧下者處性陰疑。説話覰心者。毒害沉慢。四顧者內毒。眼怒惡者兇狠。淚堂深者。名哭子殺。婦人眼闊者壽夭。眼小者難產。

黑子生在眼胞上者。貪婪作竊。生眼下妨害。眼尾有痣者。主妻有疾。眼下堂有痣。兒女難養。獄上有痣。有牢獄之災。眼尾上有痣。妻主惡死。亦主疾並淫。眼尾直紋一兩路者剋妻。眼尾有紋直斜穿面。大者主陰人官事。小者妻有私情。眼下懸針紋。主剋子。眼下疊疊有紋。主剋妻。

氣色。三陰三陽上下堂。忽然黑色。深者三五日。淺者二七日。家宅不安。陰人是非。紅者火災。眼下鋪青者。主喪孝服。赤者產厄。眼尾瑩白光潤者。主夫增財祿之喜。上下堂青色者。妻子不足。又主陰人事相累。是非破財。亦主病。青色淡者輕。濃者重。上下堂青色過魚尾者。主血毒失落。久連不散者損壽。上堂青黑色。主損血財。下堂有二三指闊者。損六畜。眼下枯槁黑者。子女之憂。或妻災。三陽下紅者添男。三陰下紅者添女。三陰三陽下黑者。主兒女災。及六畜死。兩眼尾黑連鬢。

小兒疾死。大人有災。眼尾黑者妻災。眼尾黃黑主妻淫。眼下青黑。失財虛驚。又主妻病。眼頭有一點如青豆。主少亡死。眼左右頭尾赤色。衝入眉間。忌官非事累。紅紫相夾。妻分上是非。黑沉主官事。白多主孝服。眼下常青者。為青雲夾目。紫色為紫雲夾目。主富貴。太清神鑑曰。眼有些小病。心有些小毒。眼有十分病。心有十分毒。許負云。目中赤砂起。法死須防己。

訣曰。睛如點漆。聰慧文筆。舉止從容。清名遠烈。目秀而長。必近君王。目長一寸。必佐聖主。目如鳳鸞。必定高官。龍睛鳳目。必食重祿。目烈有威。萬人皈依。目尾朝天。福祿綿綿。兩眼常明。貫朽粟陳。兩眼藏睛。富貴高名。眼似鯽魚。必定家肥。目大而光。多進田莊。目短眉長。愈益田糧。目頭破缺。家財歇滅。目露面白。陣亡兵絕。眼如雞目。性急多毒。睛黑口闊。性露文博。目有三角。其人必惡。神乏睛凸。必定夭折。赤縷侵瞳。官事重重。目赤睛黃。必主性狠。目光如電。貴不可言。目如臥弓。必定奸雄。眼如羊目。相刑骨肉。眼如蜂目。惡死孤獨。目如鬥雞。惡死無疑。目如蛇睛。狠毒孤刑。目尾相垂。夫婦相離。三角有光。賊性難防。反白羊眼。子孫相滅。反視低視。為人詐偽。眼如深露。詭詐多妬。兩目無神。

壽夭之人。眼細而傾。機關莫測。不見睛白。必奸必刑。光如水溶。男女多淫。蛇睛蜂目。為人酷毒。睛如魚目。速死之日。鼻鉤眼惡。諸惡必作。眼堂豐厚。富貴現在。眼似虎盼。威嚴莫犯。紅眼金睛。不認六親。目細深長。執拗不良。羊目四白。外夫入宅。目色通黃。不是忠良。黑白分明。其人必聰。若是女子。必主廉貞。目白長細。貧寒無計。右小怕夫。左小怕婦。隨其男女。皆要合理。

賦曰。論兩目之為監察兮。按右陰而左陽。黑白分明而瞻視平正兮。聲華早振於巖廊。龍睛大而光明兮。鳳眼秀而入鬢長。神收斂而澄澈兮。蓬華達乎侯王。點黑漆以清秀兮。聰明顯蓋世之文章。赤縷貫雙瞳而急轉兮。心如虺蜥子孫傷。雙睛鬥露以浮白兮。性少匹而夭亡。細深圓小兮。心拗毒而猖狂。眼大露睛兮。應橫夭而秉性剛強。重瞳銀海兮極品。鷹瞬鶚視兮忠良。鼇目兼猳喙兮當飲劍。龍瞳兼鳳頸兮登廟堂。虎睛視近若遠兮身必貴。牛睛視遠若近兮身心藏。其人多刑剋而貧兮。目似蝦鼠豬羊。其人懷奸惡而盜兮。目似蜂猴蛇狼。身歸十惡兮。因眼赤而睛黃。由仁由義兮。蓋堂平而目張。

【眼說】

天之日月。能照萬物。人之眼目。能燭萬情。天之精華。本於日月。人之精華。現於眼目。而眼目之精華。發於臟腑。以顯其神。青屬肝。黃屬脾。紅屬心。白屬肺。瞳仁之黑屬水。故有青黃赤白黑紅紫之異。袁天罡相眼有五法。一曰醉眼。神昏如醉。酒色破財。二曰睡眼。神昏如睡。貧賤孤苦。三曰驚眼。神怯如驚。膽弱夭折。四曰病眼。神困如病。疾病退敗。五曰淫眼。神流波泛。姦邪淫盜。月波洞云。鷹視采多者貴。虎豹黑睛猶帶微黃。雖貴不善終。上顴神寒於上。乃主自縊。或高空墜跌而亡。下顴神寒於下。多投落井落坑。江河車馬而亡。大抵眼目。𥃳（於絞切。音拗。深目也。奸貪人也）。盱（音吁。張目也。企望猶豫不進。怯人也）。眑（嬌上聲。倔強人也）。矘（音儻。目無睛直視。貧勞愚魯人也）。眴眴（與旬同。目不甚明。乃癡愚人也）。脈脈（音麥。姦人視也）。皆非目之善也。故帝王之視。不上於袷。不下於帶。而龍睛鳳目。鷹瞬鶚視。虎瞻牛顧。要取精多神聚。而不散漫流溢。則有威秀澄。故觀視端正。和藹之象。視人有采。所以為威也。若似豺狼猴鼠蛇蠍豬羊。無足取耳。

古訣論目（二）

【相目論】

天地之大。託日月以為光。日月為萬物之鑑。眼乃為人一身之日月也。左眼為日。父象也。右眼為月。母象也。寐則神處於心。寤則神依於眼。是眼為神遊息之宮也。觀眼之善惡。可以見神之清濁也。眼長而深光潤者。大貴。黑如點漆。聰慧文章。含神不露。灼然有光者。富貴。細而深者。長壽。兼性隱僻。浮而露睛者夭死。大而凸。圓而怒者。促壽。凸暴流視者。淫盜。眊然而偏視者。不正之人。赤縷貫睛者。惡烈。視定不怯者。其神壯。羊眼者孤而狠。短小者愚賤。卓起者性急。眼下臥蠶者。生貴子。婦人眼黑白分明者。貌重。眼下赤色者。憂產厄。偷視淫蕩。神定不流者。福全。大抵眼不欲怒。縷不欲赤。白不欲多。黑不欲少。勢不欲堅。視不欲偏。神不欲困。眩不欲反。光不欲流。其或圓而小。短而深。不善之相也。兩眼之間。名子孫宮。欲豐滿不失陷。

詩曰 眼如日月要分明。鳳目龍睛切要清。最怕黃睛兼赤脈。一生凶害活無成。
浮大羊睛必主凶。身孤無着貨財空。細深多是無心腹。斜視之人不可逢。
睛目為身主。還同日月台。群星天上伏。萬象鑑中開。
秀媚官榮至。清長富貴來。莫教黃更露。往往見迍災。
眼內多白女殺夫。男兒似此亦多愚。更兼睛黃及赤脈。男人發病女妨夫。
眼深定是乏資糧。帶泣妨夫子不強。更見目中塵蒙現。多因貧賤死他鄉。
眼中黑黶女多姦。兩眼方圓保壽顏。若見黑睛圓更大。定知賢上更多賢。
看君左眼雖然小。我且知君是長男。見右眼輪還不薄。女人最大敢言談。
兩眼胞下痣分明。家有食糧僧道人。左眼直下還生痣。封侯伯子至公卿。
眼下橫肉臥蠶烏。知君久遠絕子嗣。更生紋黶多瘢疵。剋子無兒端的是。
眼長一寸封侯伯。龍眉鳳眼人中貴。黑白分明信義流。雞眼昏暗終是害。
兩眼光明是貴人。虎觀獅視國將軍。牛眼多慈龜目滯。蛇睛羊眼莫為鄰。
偷眼視人賊兵死。鼠望貓窺亦如此。鷹眼從來道不慈。猿猴之眼癲狂死。

詩曰 左眼小知君怕婦。魚目多在兵刑死。大小不同何所招。弟兄生時異父母。
妻刑財破要知根。眼後紋多入鬢門。更見右邊口角畔。豎紋黑黶沒毫分。

【達摩相眼】

秀而正（秀者論其光。正者論其體）。細而長（細而不長。小巧之人。長而不細。則惡矣）。定而出（定而不露。若不出。則愚人也。出。謂神出）。出而入（出則有神。然不入則蕩子也）。上下不白（上白多。必奸。下白多。必刑）。視久不脱（神足也）。遇變不眊（有養也）。

古訣論目（三）

【一目之關係】

三十五至四十歲行眼運。眼為官星。未有貴人而賤目者。眼為財星。未有富人而凹凸者。況人以精神為富貴。昏如塵鏡。未有不敗者。壽以精神為轉移。神露與脱。

未有不死者（神寄於眼）。蓋目者。一身之根本也。以眉為佐。以倉為輔（天倉）。眉連運蹇。倉陷劫財。是亦不可不辨也。

【二　目真】

目有真者尚矣。相法。一云有真者。徹骨之貧。無意中得大富貴。再曰有真者。父子皆貴。三曰真燄官發。真脱失志。所謂真者何。曰光蘊於內。彩燄於外也。希夷及老祖云。瞳神形如滿月。徹亮光明者謂之真。可知真由神來。證以神燄發貴之説（此達摩秘訣）。必恍然真即神足之謂也。

【三　目之格局】

形。形宜細長。長細則貴（長過一寸大貴）。細而不長。小巧長而不細則惡。細則秀（有神乃秀。無神則花）。短小則賤。圓大則夭。何以知劫財重。曰眼凹。凹烏者無嗣。何以知破財多。曰眼凸。凸惡者犯刑。尾宜朝天（方享福祿）。若下垂。男妨妻。女剋夫。

並主產難。

瞳。瞳以黑白分明睛如點漆為貴。黑不可少（聰明富貴權勢。皆在於黑）。白不可多（一主奔波。一主劫財。上白多奸。下白多刑）。不可赤縷（官非破敗火災）。不可黃瞳（瞳黃性躁急。少六親。黃而又露犯刑。眼有筋而瞳黃。更凶。男剋妻。女剋夫）。

神。目正以神為貴。神愈全。貴愈大。神又以含藏為貴。神愈藏。福愈久。露則夭（黃而又露犯刑）。昏則敗。癡則死。流則淫。浮泛則災。急則易發易喪（神氣急。言語急。行步急。飲食急。喜怒急。雖形體清越。亦早發而易喪也）。驚則半途而休。此神之取藏也。

抑有辨者。神威主權。威並非兇（紅日麗天。光芒不動。使人不敢仰視。此謂之威。然最忌。神露。露則招凶。若凸暴眼紅。則更凶矣）。神秀主貴。秀並非花（可愛曰秀。可侮曰花）。神藏主富貴悠久。藏並非定（內有蘊光為藏。目無守睛為定）。神清主富貴安逸。清並非枯（清最怕無神。無神則枯）。是又神而明之。在乎其人也。善人如眼凸或色黃。鼻雖端豐五十左右。也因妻子致訟。所謂善人惡眼妻子成殃。如有此相。勸妻子。戒性暴以免之。

女人以眼分貴賤。秀者子貴夫旺。有媚有威。則更大貴。花則賤。流則淫。闊則夭。睛凸。睛黃。眼反。眼圓。眼深。目露四白。目露三角者。兇惡孤寡。眼小。盤圓。眼赤。神露。神急。白多。尾垂者。產厄。眼惡嫁即刑夫（如圓大凸露而惡。嫁即刑夫。凸露者即惡也）。

【達摩論神亦有七法】

（一）藏不晦（不露曰藏。無神曰晦）
（二）安不愚（不搖動曰安。不變通曰愚）
（三）發不露（發揚曰發。輕佻曰露）
（四）清不枯（神逼人曰清。清而乾曰枯）
（五）和不弱（可愛曰和。可狎曰弱）
（六）怒不爭（正氣曰怒。戾氣曰爭）
（七）剛不孤（可敬曰剛。可惡曰孤）

相學全集 二

作者

蘇民峰

編輯

吳惠芳

美術統籌及設計

Amelia Loh

美術設計

Charlotte Chau

插圖

August Boy

出版者

圓方出版社

香港北角英皇道 499 號北角工業大廈 18 樓

營銷部電話：(852) 2138 7961

電話：2138 7998

傳真：2597 4003

電郵：marketing@formspub.com

網址：http://www.formspub.com

http://www.facebook.com/formspub

發行者

香港聯合書刊物流有限公司

香港新界大埔汀麗路 36 號

中華商務印刷大廈 3 字樓

電話：2150 2100

傳真：2407 3062

電郵：info@suplogistics.com.hk

承印者

亨泰印刷公司

香港柴灣利眾街 27 號德景工業大廈 10 樓

出版日期

二O一四年七月第一次印刷

瀏覽網站

會員申請

ISBN 978-988-8295-04-3

Published in Hong Kong

歡迎加入圓方出版社「正玄會」

登記成為「正玄會」會員

• 可收到最新的玄學新書資訊 •

• 書展"驚喜電郵"優惠 * •

• 可優先參與圓方出版社舉辦之玄學研討會及教學課程 •

• 每月均抽出十位幸運會員，可獲精選書籍或禮品 •

* 幸運會員將會收到驚喜電郵，於書展期間享有額外購書優惠

- **您喜歡哪類玄學題材？**（可選多於 1 項）

□風水　□命理　□相學　□醫卜　□星座　□佛學　□其他 ＿＿＿＿＿＿

- **您對哪類玄學題材感興趣，而坊間未有出版品提供，請說明：**

＿＿＿＿＿＿＿＿＿＿＿＿＿＿＿＿＿＿＿＿＿＿＿＿＿＿＿＿

- **此書吸引你的原因是？**（可選多於 1 項）

□興趣　□內容豐富　□封面吸引　□工作或生活需要

□作者因素　□價錢相宜　□其他＿＿＿＿＿＿＿＿＿＿＿＿

- **您從何途徑擁有此書？**

□書展　□報攤／便利店　□書店（請列明：＿＿＿＿＿＿＿＿）

□朋友贈予　□購物贈品　□其他 ＿＿＿＿＿＿＿＿＿＿＿＿

- **您覺得此書的價格：**

□偏高　□適中　□因為喜歡，價錢不拘

- **除玄學書外，您喜歡閱讀哪類書籍？**（可選多於 1 項）

□食譜　□旅遊　□**心靈勵志**　□**健康美容**　□語言學習　□小說

□兒童圖書　□**家庭教育**　□**商業創富**　□文學　□**宗教**

□其他＿＿＿＿＿＿＿＿＿＿＿＿＿＿＿＿＿＿＿＿＿＿＿＿

姓名：＿＿＿＿＿＿＿＿＿＿＿＿＿＿＿□男／□女　□單身／□已婚

聯絡電話：＿＿＿＿＿＿＿＿＿＿　電郵：＿＿＿＿＿＿＿＿＿＿＿＿

地址：＿＿＿＿＿＿＿＿＿＿＿＿＿＿＿＿＿＿＿＿＿＿＿＿＿＿＿

年齡：□ 20 歲或以下　□ 21-30 歲　□ 31-45 歲　□ 46 歲或以上

職業：□文職　□主婦　□退休　□學生　□其他＿＿＿＿＿＿

填妥資料後可：

寄回：香港英皇道 499 號北角工業大廈 18 樓「圓方出版社」

或傳真至：(852) 2597 4003

或電郵至：marketing@formspub.com

*請剔選以下適用的項目

□我已閱讀並同意圓方出版社訂立的《私隱政策》聲明 #　□我希望定期收到新書及活動資

\# 有關使用個人資料安排

您好！為配合《2012 年個人資料（私隱）（修訂）條例》（《修訂條例》）的實施，包括《2012 年個人資料（私隱）（
條例》中的第 2(b) 項，圓方出版社（香港）有限公司（下稱"本社"）希望閣下能充分了解本社使用個人資料的安排
為與各曾跟圓方出版社（香港）有限公司接觸的人士及已招收的會員保持聯繫，並讓閣下了解本社的最新消息，包括
介、會員活動邀請、推廣及折扣優惠訊息、問卷調查、其他文化資訊及收集意見等，本社會不時向各位發放相關信息
會使用您的個人資料（包括姓名、電話、傳真、電郵及郵寄地址），來與您繼續保持聯繫。

除作上述用途外，本社將不會將閣下的個人資料以任何形式出售、租借及轉讓予任何人士或組織。

請填妥後對摺，黏貼後即可直接郵寄謝謝

請貼郵票

寄

香港英皇道499號
北角工業大廈18樓
「圓方出版社」收

圓方出版社

正玄會

• 尊享購物優惠 •

• 玄學研討會及教學課程 •